企業経営を誤らない、

「同一労働同一賃金」の具体的な進め方

人事労務コンサルタント
社会保険労務士
二宮 孝 著

労働調査会

は じ め に

まずは、以下のケースからみてみましょう。

　Aさんは、学校は卒業したものの、就職については失敗組でした。
　年も明けて、何とか最終ぎりぎりで決まった先はまさにブラック
企業でした。残業、休日出勤、ときには深夜まで働くことも珍しく
ありませんでしたが、残業代もほとんどつかず、Aさんは体調を崩
して退職するはめになりました。
　半年間のブランクを経て、Aさんは大手製造業X社の工場（技能
職）の契約社員としてようやく採用されました。半年の期間を経て、
その後1年契約となり、更新を重ねて現在4年経過したところです。
同じ頃に採用された正社員との基本給の差は歴然としてあります。
　今春、上長と面談の機会があり、前から気になっていたところを
聞いてみました。

Aさん：「私の担当はずっと1つの古いマシンです。新しいマシン
　　　　の稼働も増えてきているようですが、私にも担当させても
　　　　らえないでしょうか？」
上　長：「新しいマシンの担当になるには、メーカー指定のオペレー
　　　　ション研修に半月も通わなくてはいけないことになってい
　　　　る。だから、担当は正社員だけとなっているよ。正社員は、
　　　　複数のマシンを操作しなくてはいけないし、トラブルの対
　　　　応もしなくてはならないからね。週に1度の定例会議にも
　　　　参加しなくてはならなくなる。またさらに何年か経つと工
　　　　場間の異動があり、場合によっては職種の変更もないわけ
　　　　ではない」

　X社のもう1つの新工場は電車で2駅先にありますが、最新の設
備が揃っています。

Ａさん：「どうすれば正社員になれるのですか？」

上　　長：「最近はないようだ。最新のマシンを操作できる人を即戦力として中途で採用しているみたいだしね。ただＡさんの場合、勤続５年経つと、期間の定めのない社員になれるようだから応募してみたら？」

Ａさん：「契約期間がなくなるということは、正社員になれるということですか？」

上　　長：「正社員とは違うみたいだけどね」

　Ａさんは話を聞いて、どうしたらよいのかわからなくなってしまいました。会社は違法なことはやっていないとのことですが……。

　もちろん、Ａさんのような人ばかりではないでしょう。ただ、このもやもや感はいったい何なのでしょうか？

　「同一労働同一賃金の社会を実現すること」全くそのとおりです。
　では、そのために何が必要なのでしょうか？
　上からの目線で、欧米の制度を机上で読み替えて終わりのものでは決してありません。一方で拠り所となるべき肝心の法律もはっきりしないところが多々あります。そもそも法律の文章は難解で一般の人はわからなくてもよいという前提で書かれてあり、これを受けての行政のマニュアル等は、一応やさしい言葉で解説されていますが、核となるところが抜けるか曖昧で、何をどうしたらよいのかわからないことがたびたびあります。
　あわせてこれらは大企業向けのものであって、中小企業ではどうしてよいかわかりません。日本の中小企業は実に全体の99.7％、従業員数では約７割を占めているのにもかかわらずです。

　また、個別具体的なところは、裁判の積み重ねによるとはいいながら、どちらが勝ったか負けたかの論議に終始しています。我々の他社の裁判

における関心は、今後に向けて自社の経営にどのように活かしていくべきかという点に尽きることが忘れ去られているのです。

そもそも日本は西欧とは異なって訴訟社会ではなく、件数はきわめて少ないです。

考えてみると、企業における現実的なリスクとは、従業員が疑心暗鬼になり、不安と戸惑いを覚えて組織が活性化しなくなり、そのうちインターネット等で良くない噂が拡散していくといったことなどです。そうなると、期待すべき人材がやる気を失って抜けるようになり、次を担う人材も採用困難となって企業間競争に勝てなくなってしまうという悪循環に陥ってしまいます。

あらためて、このケースをみてみましょう。はっきりいえるのは、Ａさんが不安と不満を感じ始めているということです。まずはこのことに気づき、次にやらなくてはならないことは、Ａさんのやる気までは感じられるものの、能力、適性、将来のキャリア志向、これらをどうとらえたうえでどのような対応をすべきかです。すなわち、重要なのは人事マネジメントなのです。同一労働同一賃金で最初にやるべき大事なことは、「この企業では差別されることがない」と皆が感じるようにすることです。

「従業員がそれぞれの立場を理解し、自らの目的に沿って意欲が喚起され、明確な経営方針のもと効果的なリーダーシップからチームワークが醸成され、皆がいっそう頑張るようになって、業績も伸びていく」、という善の回転を常に念頭に置かなくてはなりません。これに加え、「気が付くと当然のように法律も守っていた」というのが理想の企業像であると確信しています。

単なる法の解説書とは異なって、本書で何か気づき、多少なりとも参考になるところがあれば幸甚です。

二宮　孝

目 次

※本書において、「ガイドライン」とは、「同一労働同一賃金ガイドライン」（2020年4月（中小企業は2021年4月）から適用）を指します。

第1章

同一労働同一賃金の導入に向けて

何が変わり、何を実行すべきか

　まず、同一労働同一賃金の本質について、行政マニュアルなどをもとに簡単におさらいをしてみましょう。

1　法改正の施行日

　「同一労働同一賃金」は法律に記載された用語ではありませんが、一般的にはこのような言い方がよくされています。

　以下は、「働き方改革関連法」、なかでも「短時間労働者及び有期雇用労働者の雇用管理の改善等に関する法律」に基づくものです（詳しくは**15頁**以降参照）。

　大企業は2020（令和2）年4月1日から施行されています。中小企業については2021（令和3）年4月1日から施行されることになっています。

2　均等待遇と均衡待遇について

　まずは大きく以下の2つに分けてとらえる必要があります。

　基本形として押さえるのは「**均等待遇**」です。均等待遇とは、賃金等の労働条件決定の際に、非正規社員等（短時間労働者としてのパートタイマー、嘱託および契約社員など勤務時間は正社員と同じ;フルタイマーで期間の定めのある従業員も含みます）を、正社員等（雇用契約において期間の定めのないいわゆる通常の労働者）と前提となる「職務の内容等」が全く同じ場合には、賃金などを同じ待遇としなくてはならないとされるものです。すなわち、この場合には一切の差別的取扱いが禁止されることになります。ただし、言うまでもないことですが、経験、能力や成果などの評価によって差が生じることについては問題ありません。また、

実際のところ、この均等待遇にあてはまるケースはそれほど多くはないといえます。

次に「**均衡待遇**」とは、「賃金などの待遇の差はあるが不合理なものではない」ことを意味するもので、前提となる「職務の内容等」の違いに応じてバランスがうまくとれている状態をいいます。すなわち、差は確かに存在するが、この差は適当なものであるということを指します。合理的であるとの断定までは求められないものの、少なくとも「不合理とまではいえない」ことは説明できるようにしていかなくてはならないことになり、これは多くのケースが該当し、実際の判断で悩むところです。

具体的には、非正規社員等の賃金等待遇について、正社員等と比較して、**①職務の内容、②職務の内容と配置変更の範囲、③その他の事情**の3つの違いに応じて決定します。

①職務の内容

職務の内容とは、担当する**業務内容**と業務に伴う**責任の程度**を指します。

業務とは会社の部門単位での仕事を指すもので、業務内容とは、部門を中心に継続的に行う不可欠な仕事で、例えば販売職、事務職や製造工などのそれぞれの職種からみて、中心となる（コア）業務に焦点を当ててとらえます。職務の内容にある**責任の程度**とは、あらかじめ与えられている責任と権限の範囲を指します。例えば、決裁金額・部下の人数・トラブル発生時や臨時／緊急時に求められる対応・売上目標等の成果への期待度（いわゆるノルマ）・その他決裁権限の範囲などをいいます。責任の程度についてはわかりやすいですね。

②職務の内容と配置変更の範囲

これは大企業の人事制度からきているもので、中小企業にとっては判断が難しいといえます。

ここでは将来の見込みも含め、転勤や昇進（一般社員から主任など）などの人事異動、配置変更（工場や営業所から本社管理部門への異動など）および事業所異動までは伴わない職務変更（事務職から営業職への職種の変更など）が予定されているのか、予定されていないのか、予定

されているとしてもその範囲がどのくらいまで及ぶものかをみます。

③その他の事情

　①②以外の要因であり、それぞれの実態に応じて仕事の成果・能力・経験・労使慣行・これまでの労使交渉の経緯など広くあてはめて考えます。

3 ｜ 比較すべき社員

　ではどのような社員と比較することになるのでしょうか？　まずは、同じ企業内で勤務する者と比較することになります。具体的には以下の順となります。

図表　1-1 比較すべき社員

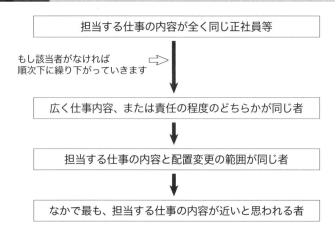

もし該当者がなければ
順次下に繰り下がっていきます

担当する仕事の内容が全く同じ正社員等

広く仕事内容、または責任の程度のどちらかが同じ者

担当する仕事の内容と配置変更の範囲が同じ者

なかで最も、担当する仕事の内容が近いと思われる者

4 ｜ 比較すべき労働条件について

　次に比較する労働条件はどのような項目になるでしょうか？　基本給や賞与、手当、福利厚生などすべてにわたることになります。さらに、比較する労働条件は、原則として1つひとつの待遇ごとに判断しなくて

はなりません。例えば、1つひとつの手当を比較して判断することが求められることになり、良い待遇、悪い待遇の双方があるが、ひっくるめて総合的にバランスがとれているから問題がないとはいえないことに注意が必要です。

5 説明義務について

　会社は非正規社員等に対して、求められれば、正社員等との間に待遇の違いの内容やその理由について説明しなくてはならないことになります。また派遣の場合には派遣される都度説明しなくてはなりません。

　例えば、正社員は「職能給」、一方の非正規社員に対してはこれとは異なる「職務給」など、それぞれに適用される制度や基準が異なることはありますが、基準の違いが不合理ではないことも含めて具体的な説明が求められることになります。

　説明の際には、資料をもとに口頭で説明しなくてはなりません。そのために就業規則や賃金規程等の関連する資料をあらかじめ用意しておく必要があります。

　説明にあたっては、「将来の（役割）期待が異なるから〜」とか、「賃金の決定基準が異なるので〜」に終始する抽象的な説明だけでは認められないことになっています。客観的で具体的なわかりやすい説明が求められることになります。

6 非正規社員等へ説明すべき項目について

　該当する非正規社員等へ説明すべき項目は以下のとおりです。
①正社員等との間で賃金等待遇の決定基準の違いが実際にあるのか
②個別で具体的な内容、待遇の決定基準（ものさし）について
　・基本給の平均額またはモデル基本給額（標準者）を提示して説明する
　　（これは、とくに比較者が少ない場合などには有効となります）
　・手当の標準額、または最も高い額と低い額について提示する
　・賃金テーブル等を提示したうえでこれに沿って具体的に説明する
　などがあります。

※例えば職能給を導入している企業では、評価を適正に行ったうえで、評価の違いがこのように金額に反映されるなど、相手が客観的に理解できるように具体的な説明を行わなければならないことになります。

7 ｜ 紛争解決の手段について

労働者と事業主の紛争を解決する方法として最終的には裁判で判断されることとなりますが、今回の法改正によって裁判以外には行政ADR（裁判以外の方法で解決する手続のこと）が設けられることとなりました。

①都道府県労働局長による紛争解決の援助

簡単な手続きのみで迅速に解決を図る場合があてはまります。

②均衡待遇調停会議による調停

中立性の高い第三者機関が援助するもので、当事者双方が合意した場合には民法における和解として認められます。

8 ｜ その他

ガイドラインには退職手当（退職金）に関する記載はありませんが、退職手当についても不合理な待遇差の解消などが求められることになります。

また、キャリアアップ助成金などの助成制度なども設けられており、これらの活用も併せて検討が必要となってきます。

【参考】

派遣社員の扱い

派遣社員については、労働者派遣法に基づき、雇用契約は派遣元企業（派遣会社）との間にあって賃金等の処遇を受ける一方で、実際に勤務するのは派遣先ということで特殊な雇用形態となります。

同一労働同一賃金の基本からすれば、派遣社員が本来比較されるべき

対象は派遣先の社員ということになり、派遣会社では①派遣先の労働者
との均等・均衡待遇を図ることが原則となります。

　しかしながら派遣先から賃金等の内部管理情報を得ることが実際には
難しいということと、派遣社員にとっても派遣先企業が一定しない場合
もあることから、派遣社員の処遇が不安定になることもあって、この代
替方法として、②一定の要件※を満たす労使協定による待遇とする方式
のどちらかを選ぶこととなりました。これについての法改正施行は、派
遣先の規模を問わず2020年4月からとなっています。

※同種業務の一般の労働者の平均的な賃金と同等以上の賃金であること等です。

図表　1-2　①派遣先の労働者との均等・均衡待遇方式の場合

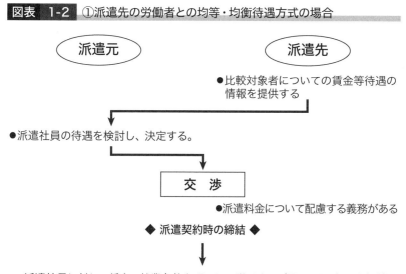

図表 1-3 ②労使協定方式の場合

（派遣元）　　　　　　（派遣先）

●通知された最新統計の確認

↓

●「労使協定」の締結
（賃金について就業規則等にも記載）

↓

●労使協定の周知
　・対象者に対する周知
　・行政への報告

●教育訓練、福利厚生施設に関する
　待遇情報を派遣元に提供

↓

交　渉

労使協定で定める内容は以下のとおりとなります。

> １）労使協定の対象となる派遣社員の範囲
> ２）賃金の決定方法
> 　ア　同種の業務に就く一般的な労働者の平均賃金以上であること
> 　イ　職務内容、成果、意欲、能力または経験等の向上があったときには、賃
> 　　　金アップすること（主として基本給）
> ３）派遣社員の職務内容、成果、意欲、能力または経験等を公正に評価して賃
> 　　金を決定すること
> ４）「労使協定の対象とならない待遇」以外の決定方法
> ５）段階的で、計画的な教育訓練の実施
> ６）その他
> 　　有効期間は２年以内が望ましいことになっています。
> 　　また一部に限定する場合はその理由を記述します。

2 ガイドラインをどう読むか

　※ガイドラインについては、残念ながら回りくどくてピンとこないというのが印象です。これをできる限り内容を変えずにわかりやすく、読みやすいように口語体に翻訳してみました。語句で読み替えたのは、以下などです。

原文の表記より	変更後
短時間・有期雇用労働法	同法
短時間・有期雇用労働者	非正規社員等
通常の労働者	正社員等
労働者派遣法	派遣法
基本給、賞与、各種手当等	賃金（賞与も含む）
短時間労働者	パート
同一の	同じ
有期雇用労働者	有期雇用者
我が国	日本
相違	違い
いかなる	どのような
当該	その
非正規社員等および派遣社員	非正規社員等々
雇用する労働者	被雇用者
鑑みる	目的に沿って判断する
不合理と認められる	不合理な
待遇上	待遇上
問題とならない例	○
問題となる例	×

第1 ┃ 目　的

　この指針は、**短時間労働者及び有期雇用労働者の雇用管理の改善等に関する法律**⓵（以下「同法」）第8条および第9条、並びに労働者派遣事業の適正な運営の確保および派遣労働者の保護等に関する法律（以下「派遣法」）第30条の3および第30条の4に定める事項に関し、雇用形態や就業形態に関わらない公正な待遇を確保し、日本が目指す**同一労働同一賃金**の実現に向けて定める。

　同一労働同一賃金は、同じ事業主に雇用されるいわゆる正社員（等）と非正規社員等との間の不合理な待遇の違いと差別的取扱いの解消、派遣先の正社員等と派遣社員⓶との間の不合理な待遇の違いと差別的取扱いの解消を目指すものである。

　賃金等待遇は労使の話合いによって決定されることが基本である。しかし、日本では、正社員等と非正規社員等々との間には、欧州と比較して待遇の大きな違いがある。政府としては、この問題の対処にあたって同一労働同一賃金の考え方が広く普及しているといわれる欧州の制度の実態⓷も参考としながら政策の方向性等を検証した結果、それぞれの国の労働市場全体の構造に応じた政策とすることが重要であると認識している。

　日本においては、基本給をはじめ、賃金制度の決め方には様々な要素が組み合わされている場合も多く、まずは各事業主において、職務内容や職務に必要な能力等の内容⓸を明らかにし、その職務内容や職務に必要な能力等の内容と賃金等待遇との関係を含めた体系全体を、非正規社員等々を含む労使の話合いによって確認し、労使で共有することが重要である。

　また、派遣社員は、雇用関係にある派遣元事業主と指揮命令関係にある派遣先との双方が存在するという特殊な雇用形態であり、関係者が不合理な待遇の違いの解消に向けて認識の共有が求められる。

　今後、各事業主が職務内容や職務に必要な能力等の内容を明らかにし、公正な評価を実施し、それに基づく体系を、労使の話合いによってできる限り速やかに計画的に構築していくことが望ましい。

1

　同一労働同一賃金とは法律名にあるものではなく、もともとのパートタイム労働法をもとに、2020年4月（中小企業は2021年4月）からは勤務時間からみてフルタイム勤務である有期契約の従業員もその対象として拡大されたものです。

 2

　派遣社員は実際に仕事を行う派遣先企業には雇用されていないので、特別な扱いになります。派遣社員の同一労働同一賃金については、派遣先の正社員等との比較の問題になり判断が大変難しくなるところで、専門家の間でも解釈が分かれるところです。

 3

　欧州での同一労働同一賃金は、男女の賃金差別の解消策として始まったものです。また欧州では横断的な労働市場が確立しているということなどから今回の日本の同一労働同一賃金とは背景が大きく異なり、同じ土俵でとらえること自体あまり意味を持たないといえます。

 4

　仕事そのものを客観的にとらえる基準（ものさし）としての職務評価（役割評価、職務分析）の面と、個々の社員の評価（能力の評価を含む人事考課）の双方から見直しを行っていく必要があります。

正社員等と非正規社員等々との間の不合理な待遇の違いの解消に向けて、賃金だけでなく、福利厚生・キャリア形成・職業能力開発と向上等を含めた全般にわたる取組が求められ、とくに職業能力開発と向上に向けた機会拡大は、非正規社員等々の職業に必要な技能および知識の蓄積により、それに対応した職務の高度化や正社員等への転換を見すえたキャリアパスの構築等とあわせて、生産性向上と非正規社員等々の待遇改善に結び付くために重要となる。このような正社員等と非正規社員等々との間の不合理な待遇の違いの解消等の取組を通じて、労働者が**どのような雇用形態と就業形態を選択したとしても納得できる待遇を受けることができ** ⑨5 、**多様な働き方を自由に選択できる**ようにし、日本から「非正規」という言葉をなくすことを目指す。

第2 ｜ 基本的な考え方

この指針は、正社員等と非正規社員等々との間の待遇が違う場合に、どのような待遇の違いが不合理で、またどのような待遇の違いが不合理ではないのか等の原則となる考え方と具体例を示したものである。

事業主が、第3から第5までの原則としての考え方等に反した場合には、その待遇の違いが不合理とされる等の可能性がある。なお、この指針に原則となる考え方が示されていない退職手当（退職金）、住宅手当、家族手当等や、具体例に該当しない場合についても不合理な待遇の違いの解消等が求められる。このために、事業主は、労使で個別具体的なそれぞれの事情に沿った体系についての議論が望まれる ⑨6 。

なお、同法第8条および第9条と派遣法第30条の3、第30条の4の規定は、**雇用管理区分**が複数ある場合であっても、正社員等と非正規社員等々との間の不合理な待遇の違いの解消等を求める。このため、事業主が、**雇用管理区分**を新しく設け、その雇用管理区分に属する正社員等の待遇の水準を他の正社員等よりも低く設定したとしても、正社員等と非正規社員等々との間において不合理な待遇の違いの解消等を行う必要がある ⑨7 。

また事業主は、正社員等と非正規社員等々との間で**職務の内容等を分**

5

　対象者全員が納得できるということは難しいですが、公平かつ公正で被差別感（自分は差別されているという感情）をできる限り払拭していくことは避けては通れない命題です。

 6

　広く労働条件全般にわたってそれぞれの基準を明確にしたうえで見直しを行い、差別がないように進めていく必要があるといえます。

 7

　状況によっては、総合職または一般職などの複線型人事制度、地域別採用などの地域限定社員など、差別に結びつく新たな区分を設けてはいけないとも解釈できる可能性もありますが、このこととこれまで曖昧であった制度を整備しようということの違いは必ずしも明確ではありません。差別を温存すること自体が目的とみなされる「新たな区分」は認められないと解釈すべきでしょう。

離した場合であっても、その正社員等と非正規社員等々との間の不合理な待遇の違いの解消等を行う必要がある（♀8）。

　さらに、同法および派遣法に基づく正社員等と非正規社員等々との間の不合理な待遇の違いの解消等の目的は、非正規社員等々の待遇の改善にある。事業主が、正社員等と非正規社員等々との間の不合理な待遇の違いの解消等に対応するため、就業規則の変更によって比較対象となる正社員等の労働条件を不利益に変更する場合、労働契約法（平成19年法律第128号）第9条の規定に基づいて、原則として労働者と合意する必要がある。また、労働者と合意なく就業規則の変更により労働条件を労働者の不利益に変更する場合、その変更は、労働契約法第10条の規定に基づいてその変更に係る事情に照らして合理的である必要がある。ただし、同法および派遣法に基づく正社員等と非正規社員等々との間の不合理な待遇の違いの解消等の目的に沿って判断すれば、事業主が正社員等と非正規社員等々との間の不合理な待遇の違いの解消等を行うに当たって、基本的に労使の合意なく正社員等の待遇を引き下げることは望ましいとはいえない（♀9）。

　さらに、同法第8条および第9条並びに派遣法第30条の3および第30条の4の規定は、正社員等と非正規社員等々との間の不合理な待遇の違い等を対象とし、この指針は、正社員等と非正規社員等々との間に待遇の違いが現実にある場合に参照されることが目的である。したがって客観的にみて待遇の違いがない場合には、この指針の対象とはならない。

第3 ｜ 非正規社員等

　同法第8条において、事業主は、非正規社員等の待遇について、これに相応する正社員等の待遇との間で、**業務内容およびその業務に伴う責任の程度**（♀10）（以下「職務内容」）、**その職務内容および配置の変更の範囲**（♀11）、**その他の事情**（♀12）のうち、その待遇の性質およびその待遇を行う目的に照らして適切と認められるものを考慮して、不合理な違いを設けてはならない。また、同法第9条において、事業主は、職務内容が正社員等と同じ非正規社員等で、事業所における慣行その他の事情

8

　　7に続いてこれもはっきりとしないところです。整理を行い、基準を明らかにすることによって分離となった場合にはどのように解釈すべきなのかについてまでは触れられていません。いずれにしてもこれからの会社経営にあたっては、総額人件費をどうマネジメントしていくかということも含めて再構築が避けられなくなるということは間違いありません。

9

　　一部の大企業では正社員の賃金を労使間で協議のうえで合法的に見直そうとする動きも実際にでてきています。一部の高すぎる正社員の賃金を見直すことなくして非正規社員の賃金を向上させることは現実的ではないことも含めて体系的に計画的に進めていく必要があります。

10

　　ここのところはこれまでの大企業の人事制度を念頭に記述されたところであり、中小企業にとっては非常にわかりにくいです。
業務内容およびその業務に伴う責任の程度
　　これは解釈としてはピンときますが、中小企業にとってはこれまでのやり方の延長ではなかなか説明が難しいところです。むしろ意識面を中心としたなんとなくの違いといったところでしょう。今後は基準を明らかにしたうえで見直しを図るとともに、規程などで明文化する必要が避けられず、またそれについての説明と理解を求めていく必要があります。

11

　　①職務内容の変更（の範囲）と、②配置の変更（の範囲）は、本来は分けてとらえる必要がありますが、実際には双方またがって運用される場合も多いです。
　　また、このところは大企業と中堅・中小企業とでは異なることも多いので注意が必要です。
　　①の職務内容の変更ですが、日本のほとんどの企業における人事は、アメリカ型の「ジョブディスクリプション：職務基準書」のように仕事の担

からみて、雇用関係が終了するまでの全期間で、**職務内容および配置が、正社員等の職務内容および配置の変更の範囲と同じ範囲**で変更されることが見込まれる場合には、非正規社員等であることによって、待遇それぞれについて差別をしてはならない。

　非正規社員等の待遇に関して、原則としての考え方と具体例は次のとおり。

1　基本給

（1）能力または経験に応じて基本給が決定、支給されるもの

　　能力または経験に応じて基本給が支給される場合、正社員等と同じ能力または経験のある非正規社員等には、能力または経験に応じた部分については、正社員等と同じ基本給を支給しなければならない。また、能力または経験に違いがある場合には、その違いに応じた基本給を支給しなければならない（⑬）。

（○）

　イ　ある能力向上のための特殊なキャリアコースを設定している場合で、能力または経験に応じて基本給が決定される制度となっている。正社員等Ｘは、このキャリアコースを選択し、結果としてその能力を習得した（⑭）。パートＹは、その能力をまだ習得してはいない。Ｘにはその能力に応じた基本給を支給しているが、Ｙには支給していない。

　ロ　職務内容および勤務地の定期的な変更がある正社員等（総合職）Ｘは、管理職となるためのキャリアコースの一環として、新卒採用後の数年間、店舗等において職務の内容および配置に変更のないパートＹの助言を受けながら、Ｙと同様の定型的な業務に就いている。Ｘの方がＹよりも基本給が高い。

　ハ　同じ職場で同じ業務に就いている有期雇用者ＸとＹのうち、能力または経験が一定水準にあるＹを定期的に職務の内容および勤務地に変更がある正社員等として登用した。その後ＹはＸと比べて職務内容や勤務地に変更があることを理由によって基本給は高くなる。

当範囲があらかじめ明確に定められ、これに基づいて運用されているわけではありません。いわゆる総合職などのジェネラリスト採用の場合、本人の希望をとるまでもなく某部署に配属となり、会社、上司からのその時々に指示された仕事は何でもやらざるを得ないという実態が多く見受けられました。

　日本独特の雇用風土においては、予想できない先輩の異動、同僚の病欠、業務環境の変化等による突発的事項による対応などにより、担当職務の変更がよく見受けられます。さらに、このような時、能力の高い人、センス；適性のある人、やる気のある人などによっても対応が異なってきます。上司も本人もこれをわかったうえで円滑に滞りなく進めていくことが日本流の人事マネジメントであったわけです。良くも悪くも「柔軟性」が特徴として挙げられていたといえるでしょう。考えてみると、このことは正社員等に限ったことではありません。パートなど非正規社員の場合には、本来は商品陳列や経理補助など限定されており、変更は前提としないところも多いですが、見方を変えると定型的な業務に多く携わっているからこそ非正規等社員にも職務内容の変更が少なからずあり得るとみておく必要があります。その際には、本人の同意が尊重されるのは当然ですが、考えてみると、中小企業だからこそ、非正規的雇用を積極的に活かしていく策をとることが求められているといってよいと思われます。

　続いて、②の**配置の変更**です。この解釈がまた混乱を招いているようです。

　配置変更の最たるものは②１）**転勤**であり、これは住居の移動を伴う異動を指します。確かに従来の「総合職」的採用の場合には、辞令一本で全国、場合によっては世界のどこでも赴く転勤はつきものでしたが、現在は国家公務員をはじめ一部の大企業あたりに年々限定されてきています。とくに中小企業のなかには、就業規則に転勤ありと明記され、また採用の際に転勤もあり得ることが約束されていたとしても、転勤を事実上拒否する社員も珍しくなくなってきました。それでは、家族での帯同が無理であれば単身で赴任すればよいというのも昔と違って簡単にはいかなくてきています。このようななかで全国の事業所展開のもと一部の営業職社員等が何度も転勤を余儀なくされるという実情をよく耳にします。

　この一方で、まれなケースですが独身の非正規社員に本人の意向を聞いて転勤してもらったという事例もありました。

　このように異動について、時代の変化とともに個人的な職業観や人生観が反映してくる一筋縄ではいかないものであることを念頭に置く必要があります。

　確かに従前の大企業からすれば、転勤制度には以下のとおり大義名分がありました。

・会社への滅私奉公的な忠誠心を養う
・定期的な人事異動によるマンネリから脱却して組織を活性化させる

　ニ　同じ能力または経験の正社員等XとパートYがおり、XとYに共
　　通して適用される基準を設定し、就業時間帯や就業日が土日祝日か
　　否かの違いによって、時間当たりの基本給に差を設けている。

（×）

　　労働者の能力または経験に応じて基本給を支給している場合、正社
　員等Xが有期雇用者Yに比べて経験が豊富であることにより ⓠ15、
　Xの方がYよりも基本給が高いが、これまでのXの経験とXの現在の
　業務との間に関連性は見いだせない。

（2）業績または成果に応じて基本給が決定、支給される

　　労働者の業績または成果に応じて支給される場合、正社員等と同じ
　業績または成果であると評価された非正規社員等には、業績または成
　果に応じる部分について正社員等と同じ基本給を支給しなければなら
　ない ⓠ16。また、業績または成果に違いがある場合には、その違い
　に対応した基本給でなくてはならない。なお、基本給ではなく手当で
　あっても同様である。

（○）

　イ　基本給の一部が、労働者の業績または成果に応じて支給している
　　場合、所定労働時間が正社員等の半分のパートXに対し、その販売
　　実績が正社員等に設定されている販売目標の半分の数値に達した場
　　合に、正社員等が販売目標を達成した場合の半額となる ⓠ17。
　ロ　正社員等Xは、パートYと同じ業務に就いているが、Xは生産効
　　率および品質の目標値に対する責任を負っている。ただし、これが
　　未達成の場合には賃金等が不利になる ⓠ18。一方のYは、生産効
　　率および品質の目標値に対する責任を負うことはなく、その目標値
　　を達成していない場合であっても賃金等不利益になることはない。
　　賃金等の不利益を課していることに見合って、XはYよりも基本給
　　は高い。

・人材配置上の問題に迅速に対応できる
・全社レベルでマネジメント意識を統一して徹底させる
・地域による不公平感をなくす

などです。すなわち、一家の大黒柱的な、大卒・男性・本社採用のコア人材としての超長期雇用の名残りでもあり、今回の同一労働同一賃金のガイドラインは、このような大企業の過去の価値観を当面は存続させざるを得ない苦しい内容となっていることにも注目する必要があります [※参考]。

さらに、②2）転勤を除く配置の変更をみてみましょう。住居の移動までは必要とされない事業所間の異動、部署間の異動や職種の異動などが挙げられます。ただし、正社員の方が、当然に異動がつきもので、非正規社員の方が限定されているというのは必ずしも現実的ではありません。正社員のみならず非正規社員の異動が必要な場合もあり、非正規社員についてもこれを望む場合も当然あると思われます。この点も留意する必要があります。

※2014年の改正「男女雇用機会均等法施行規則」では、すべての労働者の募集、採用、昇進、職種の変更をする際に、合理的な理由がないにもかかわらず転勤要件を設けることは、「間接差別」として禁止されることになりました。ちなみに女性の非正規雇用に占める割合は、7割近くにもなります。

💡12

「その他」とは、職務の内容および配置の変更の範囲以外の要因であることを指し、それぞれの実態に応じて仕事の成果・能力・経験・労使慣行やこれまでの労使交渉の経緯などが挙げられるようです。

しかしながら、今の段階では基準として明確に具体的に挙げられることができないのでこのような表現になったものと思われます。個々の判例を積み重ねることによって実態に応じた判断が形成されるとなっており、今後徐々に基準が定まってくるという曖昧さを抱えています。

💡13

ここのところは抽象的でよくわかりません。これからは抽象的な表現ではいけないと言いつつガイドラインそのものが抽象的で曖昧になっています。正社員と同じ能力があるのかないのかということを、何を尺度として判断すればよいのか大変悩むところです。経験年数というのはその会社の勤続年数または他社での同一職種の経験を含むという双方の見方が成り立

（×）

　基本給の一部が、労働者の業績または成果に応じて支給される場合、正社員等は販売目標を達成した場合に支給されが、パートＸについて正社員等と同じ販売目標を設定し、達成しない場合には支給されない💡19。

(3) 基本給が勤続年数に応じて決定、支給される企業

　正社員等と同じの勤続年数である非正規社員等に対して、勤続年数に応じた部分については正社員等と同じ基本給を支給しなければならない。また、勤続年数に違いがある場合においては、その違いに応じた基本給を支給しなければならない💡20。

（○）

　非正規社員等に対しても、当初の労働契約開始時から通算して勤続年数を評価して決定、支給している💡21。

（×）

　非正規社員等に対し、それぞれの労働契約の開始時から通算した勤続年数を評価せず、その時点での労働契約期間の勤続年数のみしか反映させない。

(4) 勤続年数によって昇給額を決定している企業

　勤続年数によって（による能力の向上に応じて）昇給を決定する場合、正社員等と同様に勤続により能力が向上した非正規社員等に対しても、勤続による（能力の向上に応じた）部分については、正社員等と同じ昇給を行わなければならない。また、勤続による能力の向上に一定の違いがある場合においては、その違いに応じた昇給を行わなければならない💡22。

（注）

　1　正社員等と非正規社員等との間に賃金の決定基準・ルールの違い

26

つでしょうが、いずれにしても「どのような人事制度であるか」ということが今後前提として問われることになります。これに伴って、等級制度や評価制度などについてより精緻で明確な基準が求められるといってよいでしょう。

💡14

このキャリアコースを選択するのが正社員であるというのはもっともですが、採用の時に、選抜によって既にコースが決定されているという実態についてまでは触れられていません。ただし、採用のときはそうであったとしても、入社後一定の経験を踏まえたうえで、改めてコース転換をどのように設計するかということが今後重要になってくると思います。

💡15

このところもはっきりしません。現在の担当業務の経験ということ自体が解釈によって曖昧になる可能性があります。他社での実務経験はいうまでもなく人生経験も含めた応用的な経験となると範囲が一気に広まってきます。またいわゆるジェネラリストとか、それともスペシャリスト（専門職）かという見方によっても変わってくるところです。

💡16

基本給が業績または成果によって直接決まる仕組みの企業は少ないと思われます。むしろそのような業態の企業であれば、むしろ雇用の面で不安定な非正規社員の方の基本給部分を厚くしている企業も実際に見受けられます。

💡17

成果を賃金の決定基準とする場合には、労働時間の多寡は問わないということは明白です。一方で人事マネジメントにおいて、人件費コストの面で合理性があるかどうかは別の問題となります。

がある場合の取扱い

　正社員等と非正規社員等との間に賃金（基本給・諸手当・賞与）に違いがある場合、その理由が正社員等と非正規社員等の賃金の決定基準等の違いから発生する場合には、「正社員等と非正規社員等との間で将来の役割期待が異なるため、賃金の決定基準等が異なる」等の主観的または抽象的な説明だけでは十分ではなく、賃金の決定基準等の違いは、正社員等と非正規社員等の職務内容、その職務内容および配置の変更範囲その他の事情のうち、これに該当する処遇の性質およびその目的に照らして適切と認められるが、客観的および具体的な実態に照らして不合理なものであってはならない⦿23。

2　定年に達した後に継続雇用された非正規社員等
；有期雇用者の取扱い

　定年後にいわゆる嘱託などで有期で継続雇用された非正規社員等についても、同法の適用を受ける。このため、（定年前の）正社員等と定年後継続雇用の有期雇用者との間の賃金の違いは、実際に両者の間に職務の内容、職務の内容および配置の変更の範囲その他の事情に違いがある場合は、その違いに応じて賃金が異なってくることは認められる。

　さらに、非正規社員等（有期雇用者）が定年に達した後にも継続雇用された者であることは、正社員等とその有期雇用者との間の待遇の違いが不合理か否かを判断するときに、同法第8条の**その他の事情**として考慮される事情に当たり得る。定年に達した後に有期雇用者として継続雇用する場合の待遇について、様々な事情が総合的に考慮され、正社員等とその有期雇用者との間の待遇の違いが不合理か否かが判断されると考えられる⦿24。したがって、有期雇用者が定年に達した後に継続雇用された者であることだけで、直ちに正社員等とその有期雇用者との間の待遇の違いが不合理でないと認められるわけではない。

18

　未達成の場合に賃金が不利になるのであればどの程度不利になるかということがポイントになります。能率給を導入した場合、標準的な賃金水準とその上下の幅を適正に設定することが求められます。

 19

　いわゆるノルマ型賃金のことを指していると思われます。このようなケースは少ないでしょうが、基本給以外の部分、すなわち手当や賞与などがどのような仕組みになっているのかまで押さえておく必要があります。

 20

　今の時代、主たる基本給に純粋な勤続給を取り入れている企業は少ないです。勤続給（手当）は定着率がきわめて低い、例えば販売職やサービス職種などに例外的に設けられている程度です。

 21

　雇用契約期間は1年ないし半年として設定する企業が多いですが、契約開始時から通算しなくてはならないことは当然です。

 22

　能力給の考え方のもとでは勤続により能力が向上した非正規社員についても、正社員と同じ昇給を行うことは当然です。非正規社員に対して、合理的な理由がないままに昇給制度はないとすることは、今後は違法となる可能性が高くなります。ただし勤続を重ねることによって能力も向上するとみることができるのは担当する職務によっても異なり、また一定の年数に限定することも求められることとなり判断が難しくなります。勤続功労を中心とした賃金制度は、今後は成り立たなくなるとみる必要もあるでしょう。

2　賞　与

　会社の業績等への社員の貢献に応じて賞与を支給する場合、正社員等と同じく貢献した非正規社員等には、貢献に応じた部分について正社員等と同じ賞与を支給しなければならない。また、貢献に違いがあるときは、その違いに応じた賞与を支給しなければならない（②25）。

（○）

　イ　会社の業績等への社員の貢献に応じて賞与を支給している企業で、正社員等であるXと会社の業績等への貢献が同じ有期雇用者Yに対し、Xと同じ賞与を支給している。

　ロ　正社員等Xは、生産効率および品質の目標値に対する責任を負う立場にあり、この目標値を達成していない場合には減額されることになる（②26）。一方で、正社員等Yや有期雇用者Zは、生産効率および品質の目標値に対する責任を負う立場にはなく、この目標値を達成していない場合であっても減額されることはない。Xに賞与を支給していても、YやZに対しては減額をしていないことの見合いの範囲内で賞与を支給しない。

（×）

　イ　会社の業績等への社員の貢献に応じて賞与を支給する場合、正社員等であるXと会社の業績等への同じ貢献がある（②27）有期雇用者Yの賞与が同じではない。

　ロ　会社の業績等への社員の貢献に応じて賞与を支給している場合、正社員等には職務の内容や会社の業績等への貢献等にかかわらず全員に賞与を支給しているが、非正規社員等には支給しない。

3　手　当

（1）役職の内容に対応して支給している役職手当

　役職の内容に対して役職手当を支給する場合、正社員等と同じ内容の役職に就く非正規社員等には、同じ役職手当を支給しなければならない。また、役職の内容に違いがある場合には、その違いに応じた同

23

　正社員と非正規社員との間に賃金の設定基準が異なる企業は多いです。主観的で抽象的な説明だけでは不十分というのは当然ですが、「将来の役割期待」という表現を具体的にどのように置き換えて説明するかということについては難しい課題です。複線型人事（コース別人事）制度など、基準をあらためて明確にし、これは差別ではないと非正規社員の本人が納得できるように見直していくことが必要です。

24

　この点は、人事コンサルタントとして最近よく相談を受けるところです。例えば退職金をすでに受給している、年金の受給権がある、賃金に生活給という見方がなじまなくなるなど諸々の事情によってということになるでしょう。ただし、これはあくまでも一般論なので個別に見てどう理解されるのか、注意が必要です。

25

　賞与については大きな改善課題になります。非正規社員に対して寸志程度を支払う企業は多いですが、正社員と同じ月数を支払う企業はこれまでほとんどなかったように見受けられます。貢献の度合いをどのように測るかということを焦点にあて、正社員も含めて総合的な見直しが必要になってくるものと思われます。

26

　「目標値を達成していない場合の減額」とはもっともですが、この解釈は難しいです。実際にはどの程度減額されるのかが問われるものとなります。あっても減額幅はおそらくかなり小さいのではないでしょうか。逆に目標値を超えた場合に加算する方式をとる場合が多いと思われますが、その場合も加算される前の額がカギになると思われます。

手当を支給しなければならない（💡28）。

（○）

- イ　役職の内容に対応して役職手当を支給している場合、正社員等Ｘの役職と同じ役職名（店長など）で、同一内容（営業時間中の店舗の適切な運営）の役職に就く有期雇用者Ｙに対し、同額の役職手当を支給している。
- ロ　役職の内容に対応して支給している場合、正社員等Ｘの役職と同じ役職名で同一内容の役職に就くパートＹに、所定労働時間に比例した役職手当（所定労働時間が正社員等の半分のパートには、役職手当の半額）を支給している（💡29）。

（×）

役職の内容に対応して役職手当を支給している場合、正社員等Ｘの役職と同じ役職名で同じ内容の役職に就く有期雇用者Ｙに、Ｘに比べて役職手当が低い。

(2)　業務の危険度または作業環境に対応して支給額が決定される特殊作業手当

正社員等と同じ危険度または作業環境の業務に従事する非正規社員等には、同額の特殊作業手当を支給しなければならない（💡30）。

(3)　交替制勤務等の勤務形態に応じて支給される特殊勤務手当

正社員等と同じ勤務形態で業務に従事する非正規社員等には、正社員等と同額の特殊勤務手当を支給しなければならない（💡31）。

（○）

- イ　正社員等か非正規社員等かを問わず、就業する時間帯または曜日を特定して就業する労働者には労働者の採用が難しい早朝若しくは深夜または土日祝日に就業する場合に時給に上乗せして特殊勤務手当を支給しているが、それ以外の労働者には同手当を支給しない。

💡 27

　会社の業績等において同じ貢献があるかどうかについての判断は大変難しいです。全社一丸となって業績達成に向けて頑張るという前提であれば、正社員だけが貢献することはあり得ません。今後は、会社業績に対してそれぞれがどの程度貢献できたかという尺度（評価基準）が問われることになります。

💡 28

　役職手当については既に明らかになっているものと思われます。筆者の顧問先にも"パート店長"は実際に存在しますが、正社員と同等に店長手当を払うというのが当然に受けとめられています。このように一つの店を任せる店長についてはわかりやすいですが、課長や係長など、役職の名称にかかわらず、その内容（担当職務の範囲と職責の重さなど）をどうみるがカギになるでしょう。

💡 29

　所定労働時間に比例するというのは一見合理的な基準であるには違いありませんが、責任ある役職者の場合をみると単純にはそうはいきません。管理職の場合には、就業時間が終われば全ての管理責任から心身ともに解放されるとは必ずしもならないからです。
　ここでも、今後は、勤務時間という時間的基準から脱却して、仕事基準で説明する必要がでてくることが考えられます。

💡 30

　これは明瞭です。経営者は、本来従業員の安全・衛生管理については最も敏感にならなくてはいけないところです。同じような危険な業務に就かせているのに差別されているという意識が醸成されているとすれば、最も労務問題が起こり得る要因になり得ます。

　ロ　正社員等Xは、交替制勤務に従事することが入社時に決まっては
　　なく、業務の繁閑等生産の都合に応じて通常勤務または交替制勤務
　　の双方に就く可能性があり、交替制勤務に就いたときのみ特殊勤務
　　手当が支給される。パートYは、採用時に交替制勤務に就くことが
　　明確で、しかも基本給に、正社員等に支給される特殊勤務手当と同
　　じ交替制勤務の負荷分を盛り込み、通常勤務のみに従事するパート
　　に比べ基本給を高く支給する。これに則って、Xには特殊勤務手当
　　を支給しているがYには支給していない。

(4) 精皆勤手当

　正社員等と業務内容が同じ非正規社員等には、正社員等と同じ精皆
勤手当を支給しなければならない。

（○）

　人事考課において欠勤の際に「マイナス査定」を行ったうえで賃金
に反映する正社員等Xには一定の日数以上出勤した場合に精皆勤手当
を支給するが、欠勤の際にマイナス査定を行っていない有期雇用者Y
には、これに見合う範囲での精皆勤手当を支給しない（♀32）。

(5) 時間外労働に対する手当

　所定労働時間を超え、正社員等と同じ時間外労働を行った非正規社
員等には、正社員等の所定労働時間を超えた時間について、正社員等
と同じ割増率等で時間外労働手当を支給しなければならない（♀33）。

(6) 深夜労働・休日労働手当

　正社員等と同じ深夜労働・休日労働を行った非正規社員等には、正
社員等と同じ割増率等で、深夜労働・休日労働手当を支給しなければ
ならない。

（○）

　正社員等Xと時間数および職務内容が同じ深夜労働・休日労働を行っ

💡31

　交代制勤務の実態によっても変わるところなので注意が必要です。なかにはパートなど非正規社員についてはこのことを織り込んで労働条件を決定している企業もあります。いずれにしても曖昧なままで総合的に賃金等を決定してきた企業については、的確に比較できるように整備していくことが避けられません。

💡32

　精皆勤手当についての解釈は難しいところがあり、ここに挙げられている例は実態としてはそぐわないと感じます。正社員には完全月給制をとる企業は徐々にですが増えてきています。そもそも欠勤率が低い従業員に対して同手当を支給する意味はありません。事実、同手当の導入率は昔と比べて低くなってきています。一方、製造業などラインに一斉に就く業務の従業員に対しては同手当が効果的に働くケースもあります。
　いずれにしても同手当について格差があるのであれば、被差別感の方に焦点をあてて、正社員非正社員を問わず見直しを行っていく必要があります。これに関連して、同手当を支給している企業で問題になっているのが、有給休暇の取得と関連付けることです。有給休暇を取得した月に同手当の支給に制限をかけることは違法性が高くなります。

💡33

　これについて問題となる企業は少ないと思われます。確かに大企業の一部では昔は法定の割増率より高く設定している企業が少なからず見受けられましたが、徐々に少なくなってきています。一方、大企業のグループ企業等を除いて、中小企業では当初より法定の割増率を上回って設定することは珍しいです。

たパートＹに、同じ深夜労働・休日労働に対して支給される手当を支
給している。

（×）

　正社員等Ｘと時間数および職務の内容が同じ深夜労働または休日労
働を行ったパートＹに、深夜労働・休日労働以外の労働時間が短いこ
とにより、深夜労働または休日労働手当の単価が正社員等よりも低い。

(7) 通勤手当・出張旅費

　非正規社員等にも、正社員等と同じ通勤手当および出張旅費を支給
しなければならない。

（○）

　イ　本社採用の社員には、交通費実費全額の通勤手当を支給し、各店
　　舗採用の社員には、当店舗の近隣から通うことができる交通費を上
　　限額として通勤手当を支給しているが、店舗採用のパートＸが、そ
　　の後に本人の都合で通勤手当の上限額で通えないところに転居した
　　後も上限額の範囲内で通勤手当を支給する（Ｑ34）。
　ロ　一定以上の所定労働日数（例、週４日以上）の正社員等および非
　　正規社員等には、月額の定期券の金額に相当する額を通勤手当とし
　　て支給しているが、一定以下（例、週３日以下）または出勤日数が
　　変動する非正規社員等に対しては、１日当たりの交通費相当額とす
　　る（Ｑ35）。

(8) 食事休憩があるときに食費の負担補助としての食事手当

　非正規社員等にも、正社員等と同じ食事手当を支給しなければなら
ない（Ｑ36）。

（○）

　昼食のための休憩時間がある正社員等Ｘに支給する食事手当を、昼
食のための休憩時間の必要がない（例、14時から17時まで勤務）パー

💡 34

　これも少なからず相談を受けるところです。なぜならば、パートなど非正規社員の募集にあたっては、人件費等コストの問題から、通勤の費用がほとんどかからない事業所に近い近隣の住民を対象とするケースが多いからです。しかしながら、被差別感に結びつきやすいところでもあり、実費相当額を支給するように見直すことも考えられます。

💡 35

　これについてもきわめて常識的です。最近では在宅勤務を広く認めるようになった関係から定期券（相当額）を支給せずに、実際の出勤に要した日の往復の実費を支給するように見直す企業も現れてきています。

💡 36

　そもそもなぜ食事手当が支給されてきたのかということも知っておく必要があるでしょう。昔は大企業では社内食堂などがあって安く提供していたところが、この恩恵に預かる機会が少ない外回りの営業社員、地方事業所勤務の従業員や出向者に対してバランスをとるために食事手当を支給するようになったという経緯があります。すなわち、なぜ食事手当を支給するのかという原点に立って公平で公正な対応をとっていく必要があります。本来の食事手当という見方をすれば、勤務日数において1回あたりの食事代の補填額を乗じて毎月計算すべきです。もしそうではなく、固定額の支給となっているのであれば、（賞与や退職金の算定基礎額としての見方を避けるために）第二基本給化した企業も少なくないと思われます。この場合には基本給などともあわせて全体からの見直しが避けられないとみるべきです。

トYには支給しない。

（×）

正社員等Xは、有期雇用者Yよりも食事手当が高い。

(9) 単身赴任手当

正社員等と支給要件が同じ非正規社員等にも同じ額を支給しなければならない（♀37）。

(10) 特定の地域で働く場合に支給される地域手当

正社員等と同じ地域で働く非正規社員等にも、同じ額を支給しなければならない（♀38）。

（○）

正社員等Xについては、全国一律の基本給体系のもと、転勤があることから地域の物価等を考慮した地域手当を支給しているが、有期雇用者YとパートZについては、それぞれの地域で採用し、地域ごとの基本給を設定しており、基本給に地域物価も盛り込まれているために、地域手当を支給しない。

（×）

正社員等Xと有期雇用者Yは全国一律の基本給の体系を適用しており、かつ、いずれも転勤があるが、Yには地域手当を支給しない（♀39）。

4　福利厚生

(1) 福利厚生施設（給食施設、休憩室および更衣室など）

正社員等と同じ事業所で働く非正規社員等にも、正社員等と同じ福利厚生施設の利用を認めなければならない（♀40）。

(2) 転勤者用社宅

正社員等と同じ支給要件（例、転勤の有無、扶養家族の有無、住宅

💡 37

　有期雇用の非正規社員に対して単身赴任を命じることはきわめて例外的でしょう。もしあり得るとすれば、企業は正社員以上に問題にならないように配慮しているものと思われます。

💡 38

　会社のポリシーにもよりますが、正社員、非正規社員を問わず、今後は地域物価についても適正に賃金に盛り込まれているかどうかの検証が避けられなくなってきています。

💡 39

　有期雇用者に転勤があるというのはきわめてレアケースです。仮にあるとすれば、年俸ないし月々の賃金に含めて決定してきたといえますが、これからは地域手当相当分について明確に区分する必要がでてきます。

💡 40

　給食施設や休憩室について正社員等と区分する企業は多くはないといえます。

　このような目に見える施設やモノに対する被差別感については、当の本人はもちろん企業としても敏感にならなくてはいけないところです。しかしながら、何気ないところで正社員しか使用できないという実態もあり得るので注意が必要です。例えば就業後の食堂のパブとしての利用やスポーツ設備の利用などで事実上区分されている場合です。今後はこれまで以上に気を配る必要があることはいうまでもありません。

の賃貸または収入の額）を満たす非正規社員等にも、正社員等と同じ転勤者用社宅の利用を認めなければならない（Ｑ41）。

(3) 慶弔休暇並びに健康診断に伴う勤務免除および健康診断を勤務時間中に受診する場合の受診時間に係る賃金保障（以下、「有給保障」）

　　非正規社員等にも、正社員等と同じ慶弔休暇の付与並びに健康診断に伴う勤務免除および有給保障を行わなければならない（Ｑ42）。

（○）

　　正社員等Ｘと同じ出勤日のパートＹに対して正社員等と同じ慶弔休暇を付与しているが、週２日勤務のパートＺに対しては、勤務日の振替での対応を基本としながら、振替が困難な場合のみ慶弔休暇を付与する。

(4) 病気休職

　　パート（有期雇用を除く）にも正社員等と同じ病気休職の取得を認めなければならない。また、有期雇用者にも労働契約が終了するまでの期間を踏まえ、病気休職の取得を認めなければならない（Ｑ43）。

（○）

　　労働契約期間が１年の有期雇用者Ｘの病気休職期間は、労働契約の期間が終了する日までとなる。

(5) 法定外の有給休暇その他の法定外の休暇（慶弔休暇を除く）であって、勤続期間に応じて取得を認めているもの

　　法定外の有給休暇その他の法定外の休暇（慶弔休暇を除く）で、勤続期間に応じて取得を認めているとき、正社員等と同じ勤続期間の非正規社員等には正社員等と同じ法定外の有給休暇その他の法定外の休暇（慶弔休暇を除く）を付与しなければならない。なお、有期の労働契約を更新している場合には、当初の労働契約の開始時から通算した勤続期間としなければならない（Ｑ44）。

41

　このこともレアケースです。気が付いてみると格差があるということも
ないとはいえないので、細かい点検が必要です。

 42

　これは要注意点の1つに挙げられるでしょう。特別有給休暇等につい
ては多くの企業において正社員を中心に設けられたものです。気がつく
と違いが存在することは十分にあり得ることなので、同一労働同一賃金
に向けて、とくに賃金以外のところでの違いについては注意深くチェック
する必要があるでしょう。

 43

　(⚡42)と同様です。

 44

　契約期間の更新を重ねて勤続年数が長くなっている非正規社員につい
ては要注意です。

（○）

　　長期勤続者を対象としたリフレッシュ休暇について、業務に従事する期間全体からみた貢献に対する報償という意味で付与する場合、正社員等Xに対して勤続10年で３日、20年で５日、30年で７日の休暇を付与しているが、パートYに対してはそれぞれの所定労働時間に比例する日数を付与する。

5　その他

（1）現在の担当職務の遂行に必要な技能または知識を習得するための教育訓練

　　現在の職務の遂行に必要な技能または知識を習得するための教育研修は、正社員等と職務内容が同じ非正規社員等には、正社員等と同じ教育訓練を実施しなければならない。また、職務内容に違いがある場合においては、その違いに対応した教育訓練でなくてはならない（♀45）。

（2）安全管理措置と給付

　　正社員等と同じ業務環境である非正規社員等には、正社員等と同じ安全管理措置をとり、また給付をしなければならない（♀46）。

《以下、第４、第５（派遣労働者に対する事項）は略》

45

　例えば担当業務に密接した機械操作や安全衛生に関しては区分する企業は比較的少ないでしょうが、長期的な育成という観点からの正社員に限定した教育訓練については実際に見受けられるので注意が必要です。

 46

　これは当然です。安全器具ないし備品等について差別する理由は全くありません。むしろ気になるのは時間がかなり短いからそこまで必要ないと言う何となくの判断の違いがあるとすれば、要点検ポイントになります。

第2章
職務（役割）評価

職務(役割)評価

　職務評価とは、個々の人（社員）を対象に行う人事評価（人事考課）とは異なり、その会社の仕事そのものに焦点を当てて客観的にとらえ、分析し、その仕事の付加価値まで表したものです。なかでも賃金制度において、仕事それぞれに料金表を貼り付ける職務給にまで反映させることを意図して厳密に行うことを職務分析と言うこともあります。また、職務評価のうちで、主として管理職や専門性の高い職務に対して行うものを、"役割評価"と言うこともあります。ここでいう役割とは、賃金制度でいう役割給でかなり広まってきていますが、定型的（ルーティン中心の）業務ではなく、会社が期待する役割と責任の度合いといった、階層上位のざっくりとした概念でとらえたものです。しかしながら、これらは言葉の定義の問題であり、必ずしも一般化した語句にまではなっていません。したがって、ここでは、"職務評価"として進めます。

　同一労働同一賃金に向けて、非正規社員等が正社員等と賃金処遇条件について比較する場合には、職務評価が意味を持ってきます。ちなみに賃金制度において職務給（役割給）を導入する場合には、職務（役割）評価が避けては通れません。

　法改正を経て、今後、同一労働同一賃金に向けて進めていくためには、人事の人"ヒト"基準から仕事基準への転化という大きなうねりのなかにあり、職務給（役割給）を当面導入しない場合であっても、対象者に公平で公正、客観的な説明を行うためには、その会社流の何らかの職務評価が避けられなくなってくると著者はみています。

　これを念頭に、以下に職務評価の実施方法についてご説明しましょう。

1 ┃ ILOの職務評価

参考までに、職務評価の元祖でもある欧米ではどうなっているのでしょうか？

国際労働機関（ILO）による職務評価項目をみてみましょう（**図表2-1**）。

職務に求められる知識や技能、心身双方にかかる負担、職務上の責任（いわゆる職責で、経営資源におけるヒト、モノ、カネごとにとらえます）、労働条件（環境と心理面でもとらえます）の基本4項目となっています。これだけをみるとシンプルですが、心理面も重視していることがわかります。

図表 2-1 ILOより 職務分析・職務評価

基本的な職務評価項目	二次的な職務評価項目
知識技能	職務知識
	コミュニケーションの技能
	身体的技能
負担	感情的負担
	心的負担
	身体的負担
責任	ヒトに対する責任
	モノに対する責任
	財務責任
労働条件	労働環境
	心理的環境

2 ┃ 厚労省の職務評価

厚労省も職務評価について以下の項目を挙げています（**次頁図表2-2**）。

図表　2-2 厚生労働省／職務評価を用いた基本給の点検・検討マニュアルより

項　目	定　義
人材代替性	採用や配置転換によって代わりの人材を探すのが難しい仕事
革新性	現在の方法とは全く異なる新しい方法が求められる仕事
専門性	仕事を進めるうえで特殊なスキルや技能が必要な仕事
裁量性	従業員の裁量に任せる仕事
対人関係の複雑さ（部門外/社外）	仕事を行う上で、社外の取引先や顧客、部門外との調整が多い仕事
対人関係の複雑さ（部門内）	仕事を行う上で、部門内の人材との調整が多い仕事
問題解決の困難度	職務に関する課題を調査、抽出し、解決につなげる仕事
経営への影響度	会社全体への業績に大きく影響する仕事

3　「長野県経営者協会」による職務（役割）評価

　長野県経営者協会は職務評価について以下の項目を挙げています（図表2-3）。

図表　2-3　長野県経営者協会より　職務（役割）評価

正社員	正社員とパート双方
専門性	専門性
課題解決力	問題解決の困難度
人材代替性	※
目標・戦略に対する影響の強さ	数値目標への関与度
管理組織サイズ	影響を及ぼす人の数

仕事の範囲	※
革新性	※
交渉の困難さ（外部）	調整の複雑さ
交渉の困難さ（内部）	
従業員への負担	※
現在の経営への影響度	顧客対応の複雑さ
将来の経営への影響度	
※	裁量性

　いかがでしょうか？　なかなかピンと来ないところかと思います。

　同一労働同一賃金に向けて、もっとも対象者数が多く、解決が急務なのは、定型的な業務を長くこなし、経験が豊富であっても契約期間のある非正規社員等のグループと、新卒入社をも含むいわゆる正社員等のグループ（なかには社会人としての経験が浅い者も少なからずいます）とのギャップをどう埋めていくかという課題です。前者は先述のように1日、1週間の勤務時間もフルタイムまたはフルタイムに近い勤務時間、日数をこなし、正社員と仕事の内容もほぼ近い層となります。いわゆるホワイトカラーだけでなく、むしろ現場のブルーカラーの労働者が多いことが想定されます。ただし、賃金水準については、賞与を含めた年収では歴然とした格差が発生している場合も珍しくありません。

　なかでももっとも問題なのはいわゆる不本意非正規社員です。法改正を受けて、これらの非正規社員等一人ひとりに丁寧な説明を行っていかなくてはならないわけです。

　契約社員に対して、「貴方が担当している仕事は、経営の影響度について正社員よりも低い」と、その違いが果たして合理的に説明できるでしょうか？　正社員には革新性が求められるが、契約社員には期待していないという理論で納得できるものでしょうか？

2 職務評価項目の洗い出し （一般的な中堅・中小企業の場合）

1 管理職の評価項目

　職務評価は、階層別にとらえないと意味がありません。そもそも職務評価は日本ではなじみがなかったこともあり、着地点を見出して計画的に進めていかないと中途半端に終わってしまう可能性があります。

　例えば、「経営への影響度」は、管理職など上位の階層ならではの項目です。もちろん新入社員であっても広い意味で企業経営に貢献していることはもちろんですが、これをどのように客観的に測ればよいのでしょうか？　対象者に一人ひとり納得がいくように丁寧に説明をしていかなくてはならないのです。このことを忘れてはなりません。

　このことから、まずは管理職層（M：マネジメントクラス）から実施します。職務評価（分析）は、先述のように本来は人ではなく担当する職務、仕事を見て評価を行うものです。ただしどうしても難しい場合には、人から職務、仕事へと焦点を移してとらえる方法をお勧めします。なぜならば、日本の雇用風土では長く人に中心が当てられてきて、仕事そのものを純粋に客観的にとらえることに慣れていないからです。

　これについては、**ベンチマーク方式**を念頭に置いて進めます。日本で、おそらくどの企業でも存在する課長職；課長制を敷いていないところでは（セクション）マネジャーを挙げてみてみましょう。

a　責任の権限と大きさ

　まず担当する仕事の責任と権限の大きさをとらえます。「責任、権限同等の法則」と言うのがあります。これは、責任が発生する以上、同等の権限を持って始めて意味があるというものです。

　責任・権限をさらに細かく見ると、5つに分かれます。

　1つは担当部署の部下の人数です。部下が多い方が少ないよりも責任が重いということです。

　さらに2つ目に部下の人数が同じであっても、部下に要求される専門性によっても異なるというところに注目します。例えば部下の全員が短期のアルバイトであるよりも、より高いレベルの専門職集団の方が、マネジメントが難しくなるということです。

　3つ目は担当部署の予算規模です。予算規模が大きければ求められる責任と権限は必然的に大きくなります。

　4つ目は、3つ目とも関連しますが、担当する施設や設備の規模です。これはライン長として責任と権限が及ぶ範囲を意味します。これは、事業所としての工場を想定するとよくわかります。例えば名古屋と九州の双方に工場があるとします。主要工場が名古屋で規模も大きいとなると、これを管理する工場長としての難易度は九州よりも高くなります。

　5つ目は、万が一、クレームやトラブルが発生した時に求められる責任の大きさです。解決に至るまでのプロセスの困難度と見ることもできます。

　以上をみてわかるように、これらは経営資源（ヒト、モノ、カネ）からとらえものです。

b　現行業績貢献期待度

　現時点での会社業績への貢献度がどのくらいであるかを評価します。経営用語で「金のなる木」という言葉がありますが、まさにこの大きさを指すものです。

c　新規開発の期待度

　会社として、将来に向けての戦略的期待をとらえるものです。bの裏返しとなり、担当の事業部門の将来のチャレンジ性や市場の伸びの期待などを評価して決定します。

d　役割難易度

ここでは、役割そのものの難易度を評価します。

これはあらかじめ担当する仕事に要求される能力はどのくらいのレベルか、公的な資格など専門知識や技術が客観的にみてどの程度が必要とされるのか、またはそのポストが空きの場合（前任者が定年で退職する場合など）、代わりの人材を外部から募集するとした場合の困難度などについて評価を行うものです。例えば、法務部門で弁護士などの法曹資格を持つ人材を探すなどの場合には希少性が高くなります。

e　精神的および肉体的な負担度

具体的には専ら渉外を行う営業職など外回りにかかる負担や休日出勤や深夜勤務に至る頻度や、取引先との接待などの回数や自宅にいてもスマホを身から離せず、いつ呼び出しがあるかわからないなど、肉体的および精神的な負担度をみます。

上記が一般的なものですが、これ以外の項目としては、会社ごとに必要と思われる指標を考えます。例えば、「担当範囲」は担当としてカバーすべき広さを指します。「裁量度」は業務を任されている範囲と大きさです。「人材代替性」は社内の昇進や配置転換、外部からの中途採用（キャリア採用）によって代わりの人材を探さなくてはならなくなったときの困難性（市場価値に結び付くものです）となります。「革新性」はこれまでのやり方とは大きく異なる方法がこれから求められる業務となります。

さらに「対人関係の困難度」が挙げられます。これには社外と社内とに分かれるでしょう。社外は、業務を進めていく上で取引先や顧客等との調整がどの程度要求されるのかその度合いを表します。一方の社内は業務を詰めていくうえでの社内調整、すなわちコミュニケーションや根回しなどが要求される程度を指します。

次に「経営への影響度」です。これは、経営全体に対する影響の度合いや重みを率直に評価するものです。また、「顧客から求められる信頼度」という項目も挙げられるかと思います。相当の実績と信頼が前提にないとうまく務まらないポストや業務などはポイントが高くなります。

以前からの重要なポストで、誰もが当社の必要なポストだと認識し、少なからず人の異動もあるものをベンチマークの中心においてみることがふさわしいものになります。何度も検証してみて整合性が取れているか、ブレがないか、こういったところが見極めるポイントとなってきます。

図表　2-4　Mクラス(課長)の職務(役割)評価の実施例(ベンチマーク方式による)

a：責任の権限と大きさ	扱う経営資源（ヒト・モノ・カネ）を評価するもので、部下の人数・担当の施設や設備・扱う予算額などによっての評価
・部下の人数	
・部下の専門的なレベル	
・担当の予算規模	
・施設や設備の規模（責任範囲）	
・トラブルが発生した時の責任度	
b：現行業績貢献期待度	現時点での会社への業績貢献度
c：新規開発の期待度	bの裏返しになるもので、将来の業績貢献期待度（チャレンジ性・市場伸張性）
d：役割難易度	要求される能力レベル、公的資格など専門知識や技術、代替人材の希少性など
e：精神的および肉体的な負担度	交際や外回りに要する負担、時間外・休日・深夜、呼び出しなどの負担度

2 ┃ 非管理職層（Jクラス）の評価項目

少しはピンときたでしょうか？　このようにまずは管理職や専門職など上位の階層からとらえてみるべきです。なぜならば、管理職層の仕事はより高度、複雑、多様で、担当による差が大きく明確であるべきだからです。

管理職層（Mクラス）の概要を把握したうえで、次に非管理職である一般社員層のJクラスが中心に担う職務をみていきます。J（ジュニア）クラスとは正社員等でいえばまだ社会人になって経験の浅い層を指します。**基本的な業務形態**…担当する仕事の基本となる形態はどうであるのかを

まず押さえます。

経験年数…直接担当する業務に求められる経験年数と、これに広く関連する業務の経験年数をとらえます。

知識・技能…知識とは例えば、法規など活字を読んだり、耳を通して新たな情報を得たりなど、外から頭に取り入れていくものです。これに対して技能は英語でいうとスキルとなります。体得する（訓練等によって体で覚えていく：マスターする）ものです。これに関連してなかには公的資格などが求められるものもあります。例えば経理業務であれば、簿記2級程度か3級程度かなどが挙げられます。資格については必須のものや、あった方がより望ましいものまでさまざまです。例えば建設業における施工担当では、国家試験としての土木施工管理技士の資格を必須とする企業もあります。

　　これらについて、より細かく設定しようとすれば、別途「等級基準書」等に委ねることにもなります。知識・技能に関連して、研修会（セミナー）や講習会の参加が必要なものもあり、これを洗い出してみます。例えば生産現場では、フォークリフトの運転が必須で、これには講習会参加が必須になる、などです。

量…担当する仕事について前提として求められる量的なものを指します。流れ作業などで必然的に量的見地から避けられないものが挙げられます。この量的な見方は一定の時間から区切ってとらえれば、「速さ（スピード）」ということに言い換えることもできます。ベルトコンベア方式の流れ作業を例に挙げるとわかりやすいですが、もちろん、仕事によっては担当者の自分なりの速さで進めるなど融通が利くものもあり、さまざまです。

質…一方で、量的な見方とセットになるのが質的見方になります。速ければそれでよしという仕事は少なく、ほとんどが質を伴ってとらえられます。この質的基準については、業務マニュアルなどで詳しく記述がされているものもあります。この量か質かの問題は「量×質」の掛け算（面積）で決まるものといってもよいでしょう。業務によっては量よりも質的面（精度）が高く求められるものも多くあります。筆者がコンサルで関与していた地方の雄たる企業で、飛行機の部品を製造

している会社がありました。時間をじっくりかけてでも緻密で確かな
ものを作るということを徹底させていたことからご理解頂けるかと思
います。

外部へ求められる説明責任…社外の取引先などから問い合わせがあった
ときにどこまで（範囲）、どの程度（奥の深さ）が求められるのかと
いうことです。

コミュニケーション能力…報告、連絡、相談のための基本的な能力を指
すところから始まり、相手に対して好感度が求められるかどうかまで
問われるなど、多種多様な対人関係の在り方を指します。

工夫・企画のセンス…個性またはオリジナリティが問われるものです。
美的感覚や独特のセンスなどです。例えば、ユニークさでいうと広報
に関わるキャッチコピーの作成能力などが挙げられます。

チェック状況…業務の単位からみて、事実上の責任ある立場として誰が
チェックするかということです。業務によっては担当者自らが行うこ
ともあり、また先輩や経験者、役付者、別の部署の例えば検査や品質
管理に関わる部署の担当者が行うこともあります。

ミスが起きた場合の対処…業務にミスはつきものともいえます。もちろ
ん大きなミスは絶対に起こしてはいけませんが、一次対応としてどこ
まで求められるかは重要な押さえどころになります。

イレギュラー時の対応…多くの業務では、通常とはいえない状況も想定
してマニュアルなどが作成されていますが、想定外の状況が発生した
際にどこまで責任が問われるかというとらえ方になります。

トラブルが起きたときの対応…ただちに上司や上級者などに報告、連絡
を行うのはもちろんですが、これを超える対応まで求められる場合に
はここが活きてきます。

精神的な負担…例えば顧客担当の窓口などでは、苦情対応などによりと
きにストレス耐性（タフネス）が要求されることになります。また、
仕事そのものの難易度にも反映されることも多く、定型的なルーティ
ンな仕事ではそれほど大きくはなく、状況対応型の応用業務では高く
なります。本人の性格特性なども影響しますが、希少性や代替性を考
えると高くなることが想定されます。

身体的な負担…業務によっては過酷な環境下で遂行しなくてはなりません。ただし、熱い、寒い、湿気が多い、高所であるなどの状況であれば一般的には特殊作業手当などで報いることが行われています。同一労働同一賃金の考え方からすれば、当然ながら正規／非正規の違いのみによって差別してはならないということになります。

災害にあう危険性…危険な環境下で常に緊張を迫られ、場合によっては怪我をする可能性がある業務などですが、これも手当でカバーする場合が多いです。正社員にしか担当させられない業務ということで、線引きすることもあります。

専門業務…全体をとらえての判断になります。このクラスで専門とは言い難い場合もありますが、企業として期待される業務の専門度について分野ごとに洗い出して整理しておく必要があります。

例外的業務の発生状況…新規の業務のウエイトが高いなどという業務もなかには見受けられます。

　以上、対象者全てに上記項目が全てあてはまるわけではありません。評価項目設定の段階では、同じような項目であったとしてもまずは考えられるだけ洗い出していきます。最初は数が重要です。切り口が異なるということで別にくくることができればより立体的にまた評価しやすくなります。人ではなく担当する仕事の方に注目することで、「この業務をこなすためには能力と経験が必要で、だから1時間当たりの賃金が高くて当然だ」と思うようにもっていくわけです。

　ちなみに、職務評価をとりまとめていく一連のステップは企業側の専権事項です。後述の課業調査で説明していますが、あらかじめ管理職を始めとしてベテラン社員を巻き込んで仕事を洗い出していくことは当然ですが、その後にどうまとめていくかについては企業が責任をもって行わなくてはなりません。もちろん、できる限り社員の共感を得て、納得がいくまで高めていくことが求められることはいうまでもありません。いわば、仕事に値札をつける、価値踏みを行うことは今まで経験しなかった困難なステップになることについての覚悟が求められるところです。

　実際に個々にあてはめて評価を行っていく際には、直接、対象とはな

図表 2-5　職務評価基準表の例（全職掌／Jクラス）

項　目	段階C	標準：段階B	段階A
基本的な業務形態	比較的な単純で定型化されている仕事を中心に担当している	複数の業務にまたがる仕事を担当している	複数の業務に同時に、しかも同レベルで求められる仕事が同程度レベルまで求められる仕事を担当している
担当業務についての必要経験年数	それほど必要とはされない仕事を中心に担当している	最低でも2年以上の経験を必要とする仕事を中心に担当している	4、5年以上の経験を必要とする仕事を中心に担当している
関連する業務の経験	関連業務ではそれほど必要とはされない仕事を中心に担当している	複数の業務を経験していることが望ましいレベルの仕事を中心に担当している	複数の業務を経験しこなせないレベルの仕事を中心に担当している
業務に求められる知識	担当する仕事は一般的な知識だけでも可能といえる	等級定義書のJクラスにほぼ該当する	等級定義書のSクラス以上に該当する
業務に求められる技能（スキル）	経験がなくても健康であれば可能な仕事を中心に担当している	等級定義書のJクラスに対応する仕事を中心に担当している	等級定義書のSクラス以上に対応する仕事を中心に担当している
研修会や講習会への参加の必要性	担当する仕事においてとくに挙げられるものは見当たらない	一定の研鑽を積まないと担当できない仕事がある	変化に対応していくために研鑽を積まないといけない仕事を担当している
業務に求められる量	担当する仕事においてはそれほど数や量が求められることはない	担当する仕事において（個数や案件として、標準的に求められる）	担当する仕事において（個数や案件として、標準よりも多くすることが必然的に求められている
業務に求められる速さ（一定時間内での迅速性）	担当する仕事においてはそれほど迅速さが求められることはない	Jクラスとして標準的に進めていくことが求められる速度	相当迅速に進めていくことが常に求められる仕事が中心になっている
業務に求められる質的見地	担当する仕事は社内業務マニュアルで求められる～の程度	担当する仕事は主にJクラスとして相当する精度、の具体的には～	担当する仕事は対外的にみても相当の精度が要求され、具体的には
外部から求められる説明責任	担当する仕事の多くがそれほど問われることはない	場合によっては関連会社や取引先の上位職、専門職に対して行う必要もある	場合によっては所管の役所や他社の管理職に対して行う必要がある
必要なコミュニケーション能力	担当する仕事においては基本的な報告・連絡・相談などが求められる	Jクラスとしてふさわしいコミュニケーション能力が問われる	対外的にも高いコミュニケーション応用力が問われる
求められる工夫、企画などのセンス	担当する仕事においてはとくに工夫や企画力までのセンスは問われない	ときには工夫や斬新さが問われる	前提として特別なオリジナリティまで問われる
業務を遂行するうえでのチェック状況	担当する仕事においては上司や上級者などが行う	本人自らが行うことが求められる	本人自らが行う一方で、後輩の業務のチェックまでも求められる
ミスが起きた場合の対応	担当する仕事においては上司や上級者にまず報告して具体的な指示を仰ぐ	手続きや要領マニュアルに則った対応が求められる	経験をもとにこなすための細かい対応が求められる
イレギュラー時の対応	担当する仕事においては自ら行わず、上司や上級者などが行う	本人自らが一次的な対応を行うことが求められる	本人自らが行う一方で、ときには後輩や関係者を含めた幅広い対応が求められる
トラブルが起きたときの対応	担当する仕事においては上司や上級者にまず報告して具体的な指示を仰ぐ	問題を未然に防止し、また発生した際には大きくしないように的確な報告・連絡・相談が求められる	担当問題になるための経験に裏付けられた備えさが前提となる
精神的な負担	どちらかというと軽微な仕事が中心になる	一般的なストレスがある	相当なストレスと余儀なくされる
身体的な負担	比較的、軽作業中心の仕事を担当している	肉体的にときに疲労することもある	肉体的にみて相当に疲労する仕事
災害にあう危険性	担当する仕事においては通常的には考えられない	ときに災害発生の緊急性を迫られる仕事もある	常に業務遂行に伴って災害を行らないリスクが大きい
専門業務としての見地	ひととおりの業務を担当している	Jクラスに求められるレベルの専門的業務が求められる	競合他社から引き抜かれる程度の専門的な業務をこなしている
例外的な業務の発生状況	担当する仕事において例外的なケースまでの対応までは想定していない	ときには例外的なケースへの対応もある	きわめて例外外的なケースでの対応が常に求められる

らない項目についてはニュートラル（中立）としてとらえます。また、複数の業務にまたがる場合については応用的にとらえます。まずは大項目、次にこれを構成する中項目、一番細かいのを小項目として設定します。

　ベテランになるほど複雑多岐にわたり応用度も高くなってくることは否めません。ただ、新人担当（社会人入門から始まる）Ｊクラスとライン管理職の２階層をまず押さえることが肝要です。

　下位等級について詳しく記述することは難しいかも知れませんが、最初はおおよそのポイントが押さえられたものであればよいのです。できるところ、表現が可能なところから始め、社員と共有できるところを１つひとつ積み上げていくことがコツとなります。無理に形を作ろうとすると内容が伴ってきません。実際の移行導入にあたっては、悩むところですが、企業と社員が共有できることを第一とします。これは不可能なことではありません。

　導入してから、より詳細により精緻なものを目指すステップが重要となり、徐々にでも根付かせていこうという姿勢（常にING）が求められます。

3 ｜ 非管理職（中堅Ｓクラス）の評価項目の洗い出し

　中間のＳ（シニア）クラスについて、Ｊクラスと一線を画すのは、主任や係長、英語表記の場合にはチーフ、リーダーなどの役職が付いていることでわかるように、組織上でも縦の関係が表れてくる段階です。ここに焦点を当て整理します。すなわち、本来の管理職Ｍクラスと、Ｊクラスの両方にまたがっていることもあって、これを整理することはそれほど難しくはありません。

図表 2-6 職務評価基準表の例（全職掌／Sクラス）

項　目	段階C	標準：段階B	段階A
求められる成果は	担当する仕事において時間内に誠実に勤務することがベースとなっている	期待される成果が設定されており、達成が強く期待されている	期待される成果が明確に設定されており、その達成が厳格に求められる
工夫、企画などで求められる業務センスは	担当する仕事において特筆するものはとくにない	Sクラスとしてときに個性や独自性が求められる	前提として個性や独自性が強く問われる
後輩への教育、指導は	担当する仕事においてあらかじめ求められているものではない	Sクラスとして必要なときに期待される	基本的な役割として管理職並みに期待されている
自らの指示によって活用する人数	担当する仕事において直接的にはない	限定的ながら関与する（指揮をとることも求められる）	協力会社も含めて常に相当の人数にのぼる
扱う予算	担当する仕事において予算という認識はあまりない	Sクラスとしての標準的な予算を扱っている	管理職並の大きながかる予算を扱っている
扱う設備・機器の規模	担当する仕事においてとくに大きながかりのなものであるわけではない	Sクラスの担当のなかでは標準的な設備・機器を担当している	管理職並の大きながかりのな設備・機器をおもとして担当する
代替性	担当する仕事においてとくに代替性まで意識されることはかない	同じ仕事を担当できる者はまだ少ない	同じ仕事を担当できる者は現在はなく、また考えられない
精神的・肉体的な負担度	担当する仕事においては一般的なものといえる	想定される負担を強いられる	前提としてかなりの負担を恒常的に強いられることになる
新規性	担当する仕事において、とくに新規性が意識されることはかない	ときに新規性が求められる	これまでの経験の延長ではない新規性が大いに求められる
裁量度	担当する仕事においてとくに裁量度が大きいとはいえない	Sクラスとして標準的な裁量度を持たされている	管理職に匹敵するくらいの裁量を持たされている
対人関係	担当する仕事においてはSクラスで求められている一般的な関係の維持が期待されている	対外的な折衝力も期待されている	社内外に対して複雑できわめて高度な折衝力が期待されている
経営への影響度	担当する仕事において一般的に求めている程度の影響がある	何らかの経営への影響力がある	管理職並の経営への影響力がある
信頼度	担当する仕事においては関係者の信頼を築くことが求められる	関係者に対して信頼がないと実行できない	仕事に広く関係する人々からの絶大な信頼がないところが運ばない
業績への責献期待度	担当する仕事において、一担当者としての業績期がかかっている	Sクラスとしては会社業績への期待がかかっている。	会社業績への期待が管理職並みに大きくかかっている
所定時間外勤務状況	予測される繁忙期などは除き、通常は所定時間内に終わる仕事を中心に担当している	ときにあるが、一般的に予想される程度である	所定時間内ということが前提とならないくらいいと想定され、突発事項が常にあり、対応に追われる

3 評価段階の設定

1 段階設定にあたっての基本

　MからJ・Sクラスごとのざっくりとした階層ごとの職務評価項目の洗い出しが終わったら次に行うのは評価段階の区分をどうするかです。一般的には段階を、ABCなどのアルファベットなど記号で表します。これを"**評語**"といいます。

　一般的には、真ん中をB（標準：基準値）とし、これを明らかに上回るのをAとし、明らかに下回るのをCとします。ちなみに日本の企業の人事考課でもっとも多いのが絶対評価の5段階です。この場合、A（上方考課）をさらに2段階にわけてスーパーAをS、Cを2段階に区分してより問題が深刻なのをDとします。さらに7段階評価はBをさらに2段階B＋、B－と区分するものです。これをみてもわかるように3段階の設定が基本になるといえます。

　参考までに、人事コンサルタントとして諸々の段階基準を設定する場合に、心がけるのが3つに段階を区分してみることです（**図表2-7**）。この場合はBを先にとらえるとよくみえてきません。むしろ明らかに是であるものをAとし、明らかに否であるものをC、そしてAとCにあて

図表　2-7　3段階の基準設定

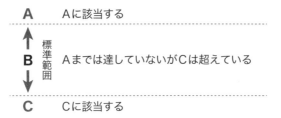

A	Aに該当する
B（標準範囲）	Aまでは達していないがCは超えている
C	Cに該当する

はまらないものを基本B（標準）と置くものです。こうすると整理がし
やすくなるので参考にしてみてください。段階がより多くの区分設定が
必要な場合には、3→5→7と奇数の区分で増やしていきます。

2 | 段階の定義

　とくに非管理職としてのJクラスとSクラスについては、段階設定と
ともに段階の定義を文章で表す必要があります。実際の説明にあたって
もここがポイントになります。

　形容詞や副詞的な表現、内容が伴わない機械的な表現の繰り返しなど
に終始すると、曖昧で抽象的なものとなり、実際に判断することができ
なくなってしまうのでできる限り避けるべきです。対象者が見ただけで
聞いただけでピンとくるような、実際に現場でも使われている具体的で
客観的な用語を探したうえで、表現することが望ましいといえます。

3 | 管理職クラスの段階設定

　管理職クラスでは、評価段階を5段階とすることは難しくありません。
また、管理職については、ベンチマーク方式によって行います（**図表2
-8**）。まず基準となるポストを置いて、他のポストをあてはめやすいも
のからこれと比較してとらえていきます。基準となるポストとは、全社

図表 2-8 5段階の基準設定（管理職）

職務（役割）評価の段階	評語
きわだって大きい	S
やや大きい	A
同役職位からみると 標準（平均）的なものといってよい	B
やや小さい	C
さらに小さい	D

⇒基準となるポストをおいて、
　相対的にとらえます
　（ベンチマーク方式）

的にみてもわかりやすいこと、すなわち、コアとなる職掌（人事マネジメント上、区分が必要とされる職種のことを指すもので職群とも言います）・部署であり、ポストそのものが設置されて長く、またある程度まとまった課員が配属されていることなどです。卸売業であれば営業部〇〇地域（エリア）課長、メーカーであれば製造本部第一製造課長などと設定して行います。

　中小企業では、これまでこのような経験はなかったかもしれませんが、この1つひとつのステップこそが重要になってきます。社員皆が共有できることを目指してとことん煮詰めていくそのプロセスこそが大事になります。

4 評価段階から点数化へ

1 点数設定の基本

評価段階が決まったら、次に点数化です。ここで注意しなくてはならないのは、点数化はあくまでも便法にすぎないということです。いわば必要だからやむを得ず設定せざるを得ないものだとみてください。

BとA（評語）があって、これに点数を対応させます。考えてみると当然にわかることですがBが1点とする一方でAが2点、すなわちAがBの2倍の価値が果たしてあるかどうかということを簡単に決めつけられるものではありません。実際の違いは2割くらいしかもしれないし、何倍も異なるものかも知れないということです。

確かに判断がつかなければ単純に1点、2点、3点、……とせざるを得ないかも知れませんが、例えば、**参考例1の図表（65頁）**のように上方の点数を高くする、下方を抑えることも考えられます。すなわちプラス面を強調することも当然あり得るところです。

ここのところは、企業が責任をもって決定しなくてはならないところです。労働組合や社員と相談して決めるものではありません。マネジメントのもっとも重要な決定事項であり、考え抜いて決定しなくてはならないところです。ただ、いわば価値の決めつけにあたることについては対象者へ説明し、できるだけ納得がいくような配慮が求められます。もちろん、企業経営において構成員としてのそれぞれの社員が担う仕事はまさに生き物ともいえ、企業のポリシー、事業環境の変化、組織と職務構成等の見直しによっても変わっていくことも事実です。この当たり前のことが簡単に素通りされてしまいがちです。

点数化にあたってどうしても決定できない場合にはその項目については点数を設定しない方法も考えられます。これについては、総合点を出

すときに加点で対応します。この場合、「60点＋（＋の内容については〜）」という表記になります。総合点数を算出して、全てがクリアしたと錯覚するよりもはるかに的を射たやり方だといえるでしょう。

　また実際の評価にあたって注意しなくてはならないことがあります。それは比較して差をつけることはレッテルを貼ることにも結び付くということです。

　社内のポストを比較するというのは、このレッテル貼りにもつながる可能性があるので進めていく上では細心の注意が必要ですが、日本の会社ではヒトに重点を置くあまり、大事なことが抜けてはこなかったでしょうか？　同一労働同一賃金とは、まさにそこにメスを入れることなのです。

---

2 ｜ ウエイト付け（配点）

　ウエイト付け、すなわち階層、職掌ごとに担当職務を100％としてみた場合の評価要素ごとの構成比率となります。これも重要です。全てがフラット（同じウエイト）ということはあり得ません。このことも悩ましいところです。とくに日本の雇用風土ではこれまでの慣例、習慣により、前任者から何となく引継いで、上司と部下の阿吽の呼吸などで業務が進められてきており、なかなかピンとこないところかもしれません。曖昧な方が無難であるところが"寝た子を起こす"ことに結び付くとも限りませんが、企業が全責任をもって決定し伝えなくてはならないところです。

参考例1 管理職の点数比較表例

　以下は、管理職（課長クラス）についてベンチマーク方式で実際に職務評価を行った事例です。

課長クラスの職務（役割）評価の実施例（ベンチマーク方式による）
例）課長レベル

　　　⇒本来は、人ではなく担当職務面をみて評価するものですが、難しい場合は、人から職務へと焦点を移してとらえる方法もあります。

職務（役割）評価の段階		ポスト ウエイト	部　門		
			○○課 課長	□□課 課長	△△課 課長
a：責任と権限の大きさ	・（担当部署の）人数	40%	4	3	2
	・（担当部署の）部下の求められる専門的レベル	10%	3	4	3
	・担当部署の予算規模	7%	3	3	4
	・所管の施設や設備の規模（責任の及ぶ範囲）	7%	4	3	3
	・クレームやトラブルが発生した時に問われる責任の度合い（解決までの困難度）	8%	3	4	3
b：現行の業績貢献の期待度		7%	3	3	4
c：新規事業開発への期待度（将来に向けての戦略的期待）		7%	3	5	3
d：役割そのものの難易度（代替の困難性）		7%	3	4	3
e：精神的および肉体的にみた負担の大きさ		7%	3	3	5
合計点		100%	3.5	3.4	2.9

参考例2　パートと経験の浅い正社員等を比較する場合の職務評価

　次の図は、同一労働同一賃金について、実際にも多いと思われるパートと通常の社員（正社員等）を比較対象者として実施する場合の例です。
　項目は11と現実的な内容に絞るとともに、段階の点数は上位評価（A）を５点と高くし、ウエイトも実態に応じてトータルで100％になるように設定してみたものです。
　ただし、実際の評価にあたっては、人事考課制度における本人のやる気と能力によっても変わり、また定められた期間を経て、希望すれば転換制度によって通常の社員（正社員等）として前提そのものが変更になることもあわせて押さえておくことは当然です。

シンプル版（Jクラス）職務評価点数化例（重点項目を抜粋）

※以下は、担当する（中心となる、または）仕事から客観的にとらえてみるものです

項目	ウエイト（配点）	評語 正社員	評語 パート	素点×ウエイト 正社員	素点×ウエイト パート	段階C 2（素点）	標準：段階B 3	段階A 5
一般								
基本的な業務形態	20	A	B	1.0	0.6	比較的単純で定型化されている仕事を担当している	複数の業務にまたがる仕事を担当している	複数の業務にまたがり、しかも同時に、またそれぞれが応用レベルで求められる仕事を担当している
業務に求められる知識	5	B	B	0.2	0.2	担当する仕事は一般的な知識でも可能としている	等級定義書の一般の指導職に該当する	等級定義書の指導職以上に該当する
業務に求められる技能（スキル）	5	B	B	0.2	0.2	経験がなくても健康であれば可能な仕事を中心に担当している	等級定義書の一般に該当する	等級定義書の指導職以上の仕事を中心に担当している
外部へ求められる説明責任	5	B	B	0.2	0.2	担当する仕事の多くがそれほど同われることはない	場合によっては関連会社や取引先の上位職、専門職に対して行うこともある	場合によって所管の役所や他社の管理職に対しても担当する必要もある
必要なコミュニケーション能力	10	B	C	0.3	0.2	担当する仕事においては基本的な報告・連絡・相談が求められる	一般としてふさわしいコミュニケーション能力が問われる	対外的にも高いコミュニケーション応用力が問われる
求められる工夫、企画などのセンス	5	B	C	0.2	0.1	担当する仕事においてはとくに工夫や企画などのセンスまでは問われない	ときに工夫や斬新さが問われる	前提として特別なオリジナリティまで問われる
業務を遂行するうえでのチェック責任	10	B	C	0.3	0.2	担当する仕事においては上司や上級者などが行う	本人らが行うことが求められる	本人らが行う一方で、後継の業務のチェックまでも求められる
クレームへの対応	10	B	C	0.3	0.2	担当する仕事において上司や上級者はまず報告して具体的な指示を仰ぐ	手続き、要領マニュアルを理解したうえでの基本対応が求められる	経験をもとにマニュアルに則ったきめの細かい対応が求められる
トラブルが起きたときの対応	10	B	C	0.3	0.2	担当する仕事において上司や上級者はまず報告して具体的な指示を仰ぐ	問題を未然に防止し、また発生した際にはより大きくしないように的確な報告・連絡・相談が求められる	相当問題になるので経験に裏付けられた慎重さが前提となる
精神的な負担	10	B	C	0.3	0.2	どちらかというと軽微な仕事が中心になる	一般的なストレスはある	相当なストレスを余儀なくされる
例外的業務の発生状況	10	B	C	0.3	0.2	担当する仕事において例外的なケースでの対応までは想定していない	ときには例外的なケースもある	きわめて例外的なケースでの対応が常に求められる
合計点	100点			68点	47点			

5　課業調査から進める職務評価

1　職務評価の実施手順

　以上は、いわばレディメードでの一般的な職務評価例ですが、この章の最後に現在実施している仕事を全て洗いだしていく課業調査を行ったうえでとりまとめていく職務評価の実施手順についてご紹介します。

　これは、以前は職務調査または職務分析と言っていたものです。ここでいう課業とは仕事のなかでも一番小さい単位を指すものです。

　課業調査を実施するあたっての負担は大きくなりますが、同一労働同一賃金対策や仕事基準の賃金設計だけにとどまらず、以下に挙げるようにまさに目的は多様です。

①人員（人材）配置の適合性について分析すること

②業務の効率化（仕事にムリ・ムダ・ムラはないか）について分析すること

③本来やるべき仕事としての重点業務の実情について分析すること

④外注化を含み人件費管理を中心に経営診断に役立てていくこと

⑤業務マニュアルの策定にも役立てていくこと

2　課業調査の実施方法

　課業調査の基本は、全社員を巻き込んで行うことにあります。**70頁**以降もあわせてご参照ください。

　実施方法としては、管理職（課長クラス）と実務のベテランといえる中堅社員を中心にプロジェクト委員会方式で進めることが考えられます。そのために調査表を準備し、説明会を経て記入してもらい、提出までの期間は2〜3週間程度とします。参考記入例を用意し（**営業（図表2-**

9）・製造（図表2-10）・業務（図表2-11）（74～76頁）などの職掌
別の記入例を参照）、必要であればボリウム（想定課業数）についても
参考に提示します。

　また、記述する課業は現在実施している業務であることは当然ですが、
これに本来やるべき業務だがまだ十分に実施できていない業務について
も書き出してもらうことが大事です。

　まずは課業の数は多くてもできるだけ洗い出すことから始めます。と
くに代表的なコアとなる課業は漏れがないように抽出することが求めら
れます。課業は「○○の～記帳／作成／加工／入力／設計／指導」など、
動きのある表現で見えるものとします。

　またこの調査にあたっては難易度も重要ですが、どうしても主観が入
るところなので、上司としての部長クラスが横並びで相対評価を行い、
これをコンサルタントが聞き取り調査などを行ってとりまとめていくこ
とが考えられます。コンサルタントは整理屋を務めるように徹します。
もちろん、最終的には経営トップの判断に委ねることは当然です。

　必要に応じて課業調査を補うために、単位業務（または課）ごとに、
調査表2（図表2-12）・調査表3（図表2-13）（77・78頁）を提出
してもらいます。

3 ｜ 課業調査実施にあたっての説明（例）

●●年●月●日

管理職各位

株式会社●●総務部
●●

課業調査のお願い

　皆さんご承知のように、今年度より同一労働同一賃金の観点からも人事評価制度や賃金制度などを始め、トータル人事制度の見直しを進めているところです。

　この一環として、今回、外部のコンサルタントの協力を得て、課業調査を行うことになりました。これは、部門ごとの業務の実態をあらためて客観的に把握するともに、会社の事業経営との整合性を持たせ、効率化はもとより、働きがいと納得性のある内部管理諸制度の再構築に向けて発展的にとらえていくものです。

　つきましては、以下のとおり部門を代表する皆さん管理職の方々のご協力をぜひお願いしたくよろしくお願い致します。

1．課業調査の目的

　当社の各部門にはどのような仕事があり、その仕事を遂行してゆくにはどのような能力が必要かを等級ごとに整理し、担当する職務（役割）基準として活用していくいくことです。とくに、同一労働同一賃金に向けて公平で公正な人事を目指すとともに、当社の賃金制度にも反映させていくことが第一のねらいです。

2．職掌（職務分類区分）の設定について

　営業、製造、技術、事務（管理）などの職掌（職種を大くくりにした分類）に区分して等級基準書を作成します。

3．記入用紙および提出日

　課業調査表1、同2、同3について、●月●日までに総務部に提出してください。

課業調査の実行手順

【第1ステップ】→「課業調査表1」への記入

1．仕事（課業）の洗いだし

　所属する職掌（担当する部門）にはどのような仕事（課業）があるのかを書き出して頂きます。基本的には、多くの時間を要している仕事（課業）、多くの人員が関わっている仕事（課業）、部門（職種）の特性を表す課業、業務を進めていく上で「カギ」となる重要な課業に絞り込んで書き出して頂きます。

2．仕事の難易度評価　参照→難易度評価基準表

　書き出された仕事（課業）を難易度（**次頁**参照）によって、7段階に区分して頂きます。

【第2ステップ】

3．課業調査結果からの内容検討

　コンサルタントおよび事務局にて課業調査結果に基づき内容を比較検討致します。場合によっては内容の確認等でお聞きすることもありますので、ご協力をお願い致します。

課業調査表の記入の仕方

1．単位業務欄について

　担当する部門が分担している主な仕事の名称を、次の例に習い記入して下さい。

例）管理部　　：決算業務、給与計算業務……

2．課業欄について

(1)　単位業務ごとに担当するグループで実施している仕事（課業）を記入してください。

　課業というのは、「個々の従業員が分業分担している、一定の目的をもったまとまりのある仕事」を言います。

　例えば昔ながらのものですが「出金伝票の起票」という課業は、「伝票を取り出す→ペンで記入する→伝票の記入事項を確認する→捺印

する」という１つひとつの動作がまとまったものであり、伝票の
起票に伴って現金の出納が行われるわけであり、一連の動作が
１つの目的をもつことで、課業としてとらえることができるわけ
です。

⑵ 課業をとらえるためには、次の点に留意して下さい。

①１人ごとに分業分担している仕事は、別の課業としてとらえ
て下さい。２人で行っている仕事をひとまとめにはしないで
下さい。

②現在行っているものだけでなく、本来行うべき課業も考慮の
うえでこれを含めて記入して下さい。

③管理監督者としての一般共通課業：担当グループ全般の業務
計画の立案と進捗管理、下級者や外部協力者への日常的な指
導、業務割り当てなども記入して下さい。

④課業の記入にあたっては、
　○○伝票と△△合計表との照合
　○○集計表の作成
　○○企画書の立案
　第１四半期回収計画の立案
といったような具体的、客観的に把握できる表現にできるだ
けして下さい。１つひとつの仕事を進めるということはそれ
ぞれ目的をもった行動を起こすということです。
したがって人の動きを示す表現にして下さい。
なお、課業の表現方法に困る場合は、具体的な作業動作を順
番に追って記入して頂いても結構です。

３．経験・難易度の記入

下記を参考にして難易度を区分して該当欄に記号を記入してく
ださい。当初の段階で厳密に考える必要はありません。とりあえ
ずつけてみて下さい。

※ＢとＣ、Ｄとイなど複数にわたることも考えられます。その場合、も
し可能であればその違いまで記入してください。

【例】営業職掌において、新製品の紹介は、既存固定客へはＢ、新規
顧客へはＣなど）

《経験・難易度の基準表；簡易版》

評語	基　準
A	自己で判断することがあまり必要とはされない補助的な仕事
B	定型的で反復的で、AとCとの中間的な段階の仕事
C	定型的で反復的だがより複雑で、少なくとも3、4年以上の経験がないと、独力〔注〕ではできない仕事
D	複雑で緻密であり、能力や適性があるとしても独力でできる〔注〕ようになるまでは、少なくとも5、6年くらいの経験を要する仕事
E	専門的な業務といってもよく、企画力・技術力・創造力等の能力と適性がないと経験を重ねただけでは十分には任せられない仕事
イ	日々部下を指導したり監督したりすることが中心の仕事で、事故やクレーム、トラブルが発生した場合は、自ら解決策を検討し対応を迫られる仕事 グループやチームなど少人数を実質的にとりまとめることが中心となる仕事
ロ	組織のマネジメントが中心となる仕事で、部門の業務計画（工程管理）まで十分に把握していないと遂行できない仕事 職責からみても本来の管理職が行うべき仕事

※「独力」とは、先輩などベテランの協力を得なくても、だいたいは自ら完結できるレベルを指します。

4. 備考欄

　その仕事をこなしていく上で必要か、若しくは前提条件としてあればよいと思われる知識、技能、経験、資格、役に立つマニュアルや資料・書籍、受講しておくべき研修など思い付くことがあれば記入してください。参考程度でも結構です。

以上

図表　2-9　〈営業職掌〉課業調査表1（課業一覧表／記入見本）

部課名　営業
記入者
作成日　　　年　　月　　日
NO.

単位業務	番号	課業	難易度（○印）							（備考：知識・スキル他）
			A	B	C	D	E	イ	ロ	
一般的営業業務	1	電話でのアポイントをとる	○							
	2	訪問スケジュールの立案	○	○						
	3	仮見積もり書の作成		○	○					
	4	見本の手配			○					見本の手配ができず、スケジュールの見直しが必要になるときがあり〜　営業社員基礎研修了要
	5	訪問して、商談の開始		○	○					上長が不在のときには〜
	6	正規の見積書を作成、上長の承認を得る				○				
	7	○○に対する納期確認を行う				○				
	8	出荷手配（出荷指図書の作成）	○	○						倉庫業務について〜程度の経験があった方が望ましい
	〜									
営業管理業務	1	在庫表と実数の確認を行う	○							
	2	売り上げ伝票と出荷伝票の照合確認を行う		○						
	〜									
代金回収業務	1	顧客の売掛金、銀行振り込み入金等入金状況の点検の実施	○							手形・小切手法に関する応用知識
	2	直接訪問のうえで、売掛金の集金を行う	○		○					
	〜									
その他、調査業務、特別受注業務、販売予算の計画業務、納品業務、クレーム・トラブル対応業務、販売促進業務、新規顧客開拓業務、市況状況の分析業務など	〜									簿記2級程度の知識が望ましい

図表 2-10 〈製造職掌〉課業調査表1（課業一覧表／記入見本）

部課名　製造
記入者

作成日　　年　　月　　日　　NO.

単位業務	番号	課業	A	B	C	D	E	イ	ロ	（備考：知識・スキル他）
OOの試作	1	開発課との仕様内容の打ち合わせ					○			
	2	部品図の作成		○	○					
	3	資材の仕入れ先、単価の見積もり		○	○					
	4	試作品の組立			○					
	5	同　評価および修正箇所の指摘				○				
	6	工程作業表の作成				○				
	7	公的届出書類（○○書）の作成、提出			○					○○に関する諸法規についての応用知識
	〜									
OOの組立	1	作業表の確認		○						○○マニュアルについての一般的な理解認識
	2	治工具の準備	○							
	3	△△と◇◇との組み合わせ	○	○						関連工程に関する概略的な知識
	4	同　部分溶接			○					○○溶接技能者資格取得
	5	○○の計測器による測定		○						
	〜									
クレーム対応	1	○○などのクレームに対する営業担当との調整			○				○	
	2	同、対応策の立案				○		○	○	
	〜									
安全管理	1	防火安全に関する計画書の作成			○			○		防火管理者の実務経験が望ましい
	2	同　〜に関する指導				○		○		
	〜									

75

図表 2-11 〈業務（総務）職掌〉課業調査表1（課業一覧表／記入見本）

部課名　業務（総務）
記入者

作成日　　　　年　　月　　日　NO.

単位業務	番号	課業	A	B	C	D	E	イ	ロ	（備考：知識・スキル他）
資産管理業務	1	不動産管理台帳の記入			○					
	2	資産購入計画の立案				○			○	
	〜									
株主総会関連業務	1	株主総会関連書類の作成					○		○	
	2	株主総会関連書類の企画、調整				○				
	〜									
保険関係業務	1	車輌保険の事務手続きの実施	○	○						
	2	団体生命保険の加入手続きの実施	○	○						
給与支払業務	1	賃金台帳の作成			○					源泉所得税に関するやや専門的な知識
	2	月額変更・算定基礎届の関連書類の記入作成			○					健康保険・厚生年金に関する一般的な知識
	3	賞与支給基準案の企画、検討					○			
財務帳票管理	1	月次財務データの入力	○	○						
	2	出勤伝票の照合、確認	○	○						簿記3級程度の一般的な実務知識
税務業務	1	税務関連基礎資料の集計、作成		○						
	2	税務署への問い合わせ、確認				○	○			法人税に関する一般的な知識、説明会への参加
予算策定業務	1	予算実績対比資料の作成	○							管理会計に関するやや専門的な知識
	2	同、分析と評価				○		○		
	3	年度予算方針の策定					○		○	
	〜									

図表 2-12 課業調査表2（現業部門における作業状況確認）

NO.　　　　　　作成日　　　　年　　月　　日

部署名　　　　　　　　
記入者　　　　　　　　

1. 単位業務	
2. 上司	
3. 構成員 正社員　パート 契約社員 派遣その他	①共同作業（　　名）で（　　組） ②単独作業 ③共同作業と単独作業の組み合わせ （　　　　　　　　）
5. 使う材料名・部品名・製品の一般総称	
6. 扱う機械（装置）名OA ソフト	
7. 扱う治具・工具名	
8. 業務マニュアルの存在	①ある（その名称：　　　） ②ない
9. 帳票または必要な資料で主なもの	
10. 作業状態	①主として座っての作業　②主として立ち作業 ③移動が多い作業　④不自然な姿勢での作業
11. 人力で持ち運びする運搬物	①あり（運搬物名：　　　　）　②なし ①の場合　重量：1個（1単位）が（約　　kg） 頻度：1日（　　個）
12. 作業環境	①作業員としてはまず良い方 ②作業場としては普通 ③作業環境としては悪い （イ騒音・ロ振動・ハ熱・ニ寒気・ホ粉塵・ヘ臭気・ ト湿気・チその他（　　　））の危険がある
13. 災害の危険度合い	①通常は考えにくい ②現場作業としては普通 ③注意していないと（　　　の危険がある）
14. 業務遂行上でのチェック機能はどうか	①上司が行う　②同一工程の担当者が行う ③別工程で行う　④特に実施していない
15. 業務上のイレギュラー事態（トラブル）では何が想定されるか	（　　　） ● その頻度は　①月に（　度）②年に（　度）　①月に（　度）②年に（　度）　①月に（　）②年に（　） ● その影響はどうか　①会社全体の信用にまで関わる　②後工程全体に大きく関わる　③それほどの影響はない ● その際の上司の対応は　①上司が代わって直接対応する　②指示を与えて任せる　③報告を受ける

図表 2-13 課業調査表3（能力スキル項目）

作成日　　　　年　　月　　日　　　NO.

部署名　　　　　　　　　　

記入者　　　　　　　　　　

1. 単位業務名	①自己で判断することがほとんど必要とされない補助的な業務（％） ②日々定型的な（ほぼ毎日のように繰り返される）業務（％） ③月々定型的な（ほぼ毎月のように繰り返される）業務（％） ④四半期から半年間を単位として（ほぼ同じく繰り返される）業務（　％） ⑤複雑・緻密で例外処理も多く、熟練しないと難しい業務（％） ⑥自分の独創力でもって判断し、企画する業務（　％） ⑦部下や下位者（後輩）に指導した監督管理をする業務（　％）
2. 業務を遂行するために必要な知識	
3. あればよいと思われる一般または関連知識	
4. 関連する資格・免許	①かならず取得が必要　②あった方が有利 ③あるが業務上はほとんど関係ない　④ない （資格名：　　　）
5. 研修・講習会	①かならず受講が必要　②出席すると有利 ③あるが業務上はほとんど関係ない　④ない （研修名：　　　）
6. 他の業務経験	①業務経験がないとまず難しい ②なくてもできるがあればより望ましい （業務名：　　　） ③とくに関係はない
7. 性格による向き不向き	①ごく一般的な人でよい ②普通以上に以下の適性が必要 （イ協調性・ロ几帳面さ・ハ忍耐力・二根気強さ・ホ慎重さ・ヘコミュニケーション力）
8. 器用さまたは運動能力	①器用さまたは運動能力はとくに問わない ②とくに平均以上の器用さまたは運動能力が求められる
9. 労働の程度	①きわめて軽労働 ②中程度だが、きわしやとやすきについても想定される ③現場作業としては普通程度であるといえる ④重労働で、頑強な体力が求められる
10. 業務内容毎の構成比率	＊それぞれおよそその構成 比率　　　％で記入 ※合計で100％
11. 『独力でできる段階』に至るまでの習熟期間 ※『独力でできる』とは、一般通常の業務であれば、上司や先輩の助言や支援はなくても自らこなせるようになる段階を指す	[あらかじめ起こり得ない事故・トラブル等の例外事態を除き、予想される一般業務において当単位業務全般にわたり単独でできるとみなすには、一般的な人材でどの程度の期間を要するか] ①1ヵ月程度 ②3カ月程度 ③半年程度 ④1年程度 ⑤2～3年程度 ⑥5年以上
12. その他特記事項	

第3章
賃金制度

諸手当の見直し

1 これからの諸手当の考え方

　同一労働同一賃金に向けて、賃金を見直すには、喫緊の課題としてまず諸手当を見直す必要があることはお伝えしました。

　また、主題でもある基本給の見直しにあたっては、諸手当を決定したうえで残る原資をもとに、あるべき基本給を設計していくことになります。

図表 3-1　諸手当の整備

職務関連手当						生活補助手当						業績変動手当			所定時間外勤務手当					その他の手当		
役付手当〈管理職手当〉	営業外勤手当	特殊作業手当	特殊勤務手当	公的資格手当	技能手当	食事手当	家族〈扶養〉手当	住宅手当	地域手当・物価手当	寒冷地〈燃料〉手当	別居手当・単身赴任手当	精・皆勤手当	生産手当〈能率手当〉	営業奨励金	時間外勤務手当	休日出勤手当	深夜勤務手当	日直・宿直手当	通勤手当	調整〈臨時〉手当

　同一労働同一賃金のガイドラインや最近の判例をみても正社員と非正規社員との手当の格差が問題になっています。また、とくに中小企業では、手当の名称と内容が一致していない場合も少なからず見受けられます。この多くは、基本給とは一線を画し、賞与や退職金の算定基礎額には含めないような配慮も働いたものと思われます。このような場合には、

基本給も含めた割り直し※が避けられないとみるべきです。

　これによって、はじめて非正規社員と正社員との間の客観的で公正な比較が可能になるといえます。

※割り直しとは、現行制度における月例賃金のうち、時間外手当など変動部分を除いた固定部分から、必要な手当を精査したうえで基準額を決めるものです。この場合、原則としてですが、新しい手当を除いた額が新しい基本給相当額となります。これは月々の固定部分を減額しないための不利益変更を避ける措置との見方もできます。

2 ｜ 職務関連手当

①役付（役職）手当・管理職手当など

　職務の大きさや責任の重さを反映しているものであれば同一の基準に基づくものにするべきです。役付手当や管理職手当についても同様です。一般的には役割給に織り込んで見直すことも多く行われています。ただし、管理職手当など固定残業代も含むものであれば、法規に基づいてあらためて整備しておく必要があります。なお、これに関わる勤務時間が異なる場合には、手当の内容によっては比例で対応することも考えられます（1日6時間勤務の場合、8時間勤務の正社員の8分の6とするなどです。以下、他の手当についても通勤手当などを除き、原則として同様です）。

②営業・外勤手当

　職掌（職種）として同じ業務に就くとなれば同一の基準に基づくものとなります。ただし、固定残業代も含むものであれば、法規に基づいて整備しておく必要があります。

③特殊作業手当

　汚染、不快、危険を伴う作業環境※によるものであれば、同一の業務の場合には同一に支給する必要があります。

　※具体的には、高温・低温・高湿・高所・高圧・荒天の中での作業や危険

物を扱う作業を言います。

④特殊勤務手当

　一般的には役員の運転手や守衛など、専業の主目的とは異なる特殊な職務に就く場合の手当ですが、特殊作業手当とほぼ同義のものもあります。同一の業務の場合には原則として同一に支給する必要があります。

3 ｜ 業績変動手当

精・皆勤手当

　同一の業務の場合には同一に支給する必要があります。人事賃金制度の見直しにあたって、内容から必ず必要であるものでなければ、今回の見直しにあたって基本給等に廃止統合することも考えられます。

4 ｜ 所定時間外勤務手当

①**時間外、深夜、休日労働の割り増し率**…同一の割り増し率とする必要があります。

②**交替／時差勤務手当**…同一の業務の場合には同一に支給する必要があります。

③**年末年始手当**…同一の業務の場合には同一に支給する必要があります。

④**宿日直手当**…同一の業務の場合には同一に支給する必要があります。

⑤**呼び出し・待機手当**…同一の業務の場合には同一に支給する必要があります。

5 ｜ 実費弁済的な意味合いの手当や日当

①通勤手当

　非正規社員に限って、募集にあたって通勤費用のかからない近隣の住民を対象とするもので、その後個人的な理由で転居した場合については必ずしも同じ条件とする必要はありませんが、本来は正社員等と同じ条

件で支給することが望ましいといえます。なぜならば、通勤手当をもとに定期券を購入するとなれば当人の持ち出しとなり、もっとも被差別感に結びつきやすいものであるからです。

②出張の際の宿泊費・日当

正社員のどの階層と比較するかも問われますが、明快かつ合理的な理由がなければ、正社員と同一にすべきです。

6 │ 生活補助手当

最近の傾向として、家族、住宅手当など生活補助手当を採用する企業が減少してきています。これは、賃金は本来仕事に関係することに支給すべきであり、属人的な要因に対して支給すべきではないという考え方が広まってきていることも踏まえて見直しが必要になってくるところです。

①食事手当

同一の業務の場合には同一に支給する必要があります。ただし、目的が昼食の補助である場合には、昼食時間帯にかかる勤務でない場合には対象外とすることは当然です。

②家族手当（扶養手当）

2020年10月の最高裁判決によれば、「相応に継続的な勤務が見込まれるものであれば支給する趣旨が妥当」とされ、長期勤務の場合は同一に支給する必要があると認められます。このことを踏まえ、まず家族手当が今後とも必要かどうかの検証から求められるところです。外資系企業を始め、女性が活躍している新興の業種、業態などでは廃止または縮小の傾向が表れています。一方、少子化が大きな社会的問題となっていることを受けて、むしろ3人目以降からの子供に対する家族手当を増額したり、また、これまでの家族手当とは異なりますが、3人目や4人目からは一時金として驚くような多額の祝い金を支給したりする会社も実際でてきています。また配偶者については共働きが一般化して専業主婦と

いう言葉がほとんど聞かれなくなってきている背景もあって、対象から除外する企業も増えてきています。

③住宅手当

　いわゆる総合職コースにおいて、例えば、コース全員が当然に全国転勤の対象となるのであればコース以外の社員には支給しなくても問題になりません。しかし、そうでなければ、例えば現地採用の実質勤務地限定社員に対して支給されるのであれば、非正規社員にも必要となるという解釈が成り立つので注意が必要です。

④地域手当・物価手当・寒冷地手当・燃料手当など

　同一の地域で勤務するのであれば、とくに合理的な説明がつかなければ同一の基準で支給することになります。地域によって賃金水準の差が歴然としてあるのも事実ですが、地域手当をどう設定するかについては企業によって今後の事業所展開などにもよって異なるものであり、この機会に会社のポリシーをあらためて明らかにしていく必要があると思います。

　また、上記にも関連して福利厚生制度になりますが、一般的に転勤者に対しては借り上げ社宅制度などによる経済的援助策が設けられています。この社宅の入居条件にも関連してきます。また、転勤になって一定の期間は当然ですが、何年も経ってくると現地採用の社員との整合性をとるために会社の負担を徐々に減額するなどのルール決めも必要になってきます。このことを含め、これからは全体のバランスを重視して、社員から説明が求められたらきちんと答えることができるようにしておく必要がますます強くなってきます。

2 体系全体からとらえる賃金

　これからの賃金制度は、一言でいうと「"ヒト／人"基準、すなわち能力給、仕事基準、すなわち役割給、結果基準、すなわち業績給の3つの要素をもとに、適正に柔軟性をもって組み合わせていくということにつきます。

1　賃金の3つの要素（複合型賃金体系）

　以下は賃金の要素別に整理してみたものです**（図表3-2）**。実のところは、さらにこの左側に属人給（個々の社員の属性に対して支給する賃金）として年功給があり、年齢に応じて決まる年齢給、勤続に応じて決まる勤続給もありますが、時代の変化に伴う能力主義の進展とともに、また同一労働同一賃金の実現に向けて、実際の賃金設計においては適応しなくなってきているので除外しています。

図表　3-2　賃金の3つの要素

職能給 ＝ 能力給	職務給 ⇒ 役割給	業 績 給
＜原因＞	＜プロセス＞	＜結果＞
能力が高くなったことに対して支払う　⇒	担当する仕事の価値に対して支払う　⇒	成果に対して支払う

　上記のうち、「職能給すなわち能力給」は能力の高さ（高まり）を賃金に反映したものです。一般的には職能給とも言われています。これに担当する仕事の大きさ（ジョブサイズ）や職責などの職務価値を反映したものが「職務給または役割給」です。役割給は職務給の日本版の発展

形とみることもでき、元をたどると「職務給」から来ているものです。さらに成果に応じて反映される「業績給」の大きくは3つに分けてみることができます。

①能力給（職能給）

能力給の賃金カーブのイメージは以下のとおりです。

図表 3-3 能力給の賃金カーブ

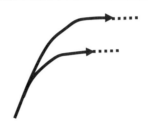

　能力給は、社員の能力の伸びの大きさを評価し、その到達レベルに応じて賃金を決定するものです。とくに最初の段階は右肩上がりでアップしていきますが、中堅クラスになれば能力主義のもと、格差が急速に拡大していくことになります。ただし能力給には年功的な要素を多く採りいれた穏やかなものから、メリハリを大きくつけた実力強化型とかなりの幅があり、企業それぞれの制度や運用次第でも大きく異なってきます。

　先述のように年齢給などの属人給は既に設ける必要はありませんが、この理由の1つとして、能力給は属人給と仕事給の中間に位置しており、能力給には自ずから経験に裏打ちされたという年功的および勤続功労的な要素も必ず含まれているという見方ができるからです。すなわち、新しい賃金制度の設計にあたっては、能力給に年齢給のダブルカウントは必要ないといえます。

②職務給・役割給

　職務給（この発展形が役割給となります）は、もともとはアメリカの職務給の考え方をルーツに置いたものですが、ヒトというよりもその担

図表 3-4 職務給・役割給

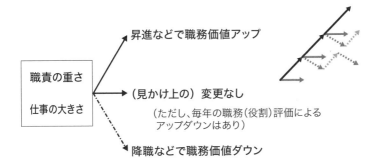

当する仕事に目を向けたもので、仕事の大きさや責任の重さを評価して決定するものです。仕事の価値が上がればその時に昇給、ダウンすればその時点から降給、変わらなければ維持というきわめて合理的で明快な賃金です。ただし、降給となる場合には、不利益変更の問題がでてくるので注意が必要です。

職務給はどちらかというと固定的でルーティンな仕事を中心にとらえた考え方から来ていますが、これが役割給という言い方となると、管理職や専門職なども含めたより上位のより広い概念からとらえたものといえます。

職務給・役割給の特徴は、これまでより大きな（責任の重い）仕事を任せることになった社員に、その日からそれに応じてこれまで以上により多く支給できるという変動費的な性格を持つ賃金だということです。このことがより合理性の高い賃金として同一労働同一賃金に向けてこれから日本の企業ではより中心になってくることは間違いありません。なお、新たに職務（役割）給を導入する場合には、**第2章**であげた職務（役割）評価をもとに、点数によって職務等級に格付けたうえで決定することが考えられます。

本来、職務給・役割給は、異動によっては降給にもなりますが、導入を考えるにあたって減額が全くないとなると、果たして本来の職務給・役割給と言えるものなのか疑問も残ります。このことから実際の運用は能力給などよりも難しくなるといえ、これがデメリットであるといえま

す。昇進発令などの異動配置は、本来会社が一方的に発令するものです。だからこそ、社員への納得性とモラール維持の面での配慮が欠かせないといえます。

　社員にとっては自分の仕事を選べる機会は少ないです。希望降職制など公務員の人事給与制度では存在するものの、これまで民間企業ではあまり見受けられませんでしたが、これからは必要になってくると思われます。

　上記の理由から、職務給・役割給への移行導入にあたっては、納得性と公平性を十分考えながら、導入当初は小さく、だんだんとそのウエイトを大きくするなどの工夫が避けては通れません。このように、これからの人事賃金マネジメントは評価も含めてリスク管理の面も併せ持つということを肝に命じておく必要があります。

　なお、職務給・役割給の設計にあたっては、等級ごとの範囲の設定も重要になります。

　これを範囲給といい、対するのを単一給：シングルレートといいますが、職務給・役割給を主たる基本給で採りいれる場合には運用面から範

図表 3-5 範囲給と単一給

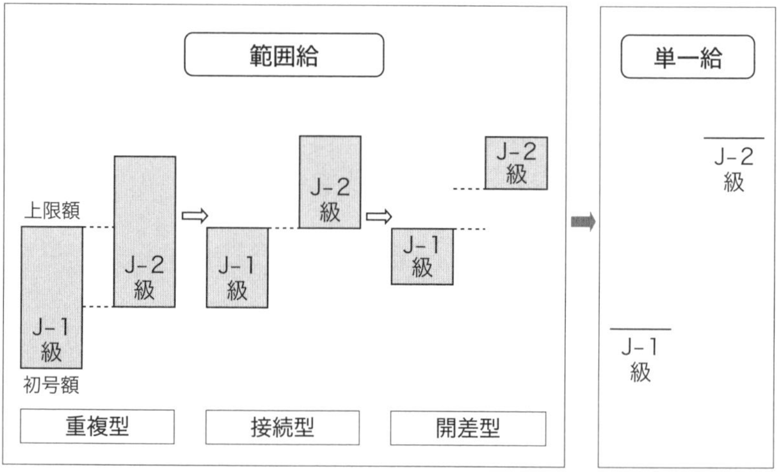

88

囲給にならざるを得ないものといえます。また、能力給は一般的に重複型であることはやむを得ないとされていますが、職務給・役割給は、より合理性が要求されるという意味合いもあって、原則として接続型か開差型とすべきです。

③業績給

図表 3-6 業績給

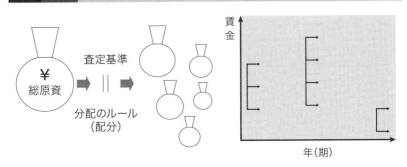

職務給・役割給は担当する職務（役割）価値を評価して決定される性格のものですが、業績給はその結果を評価して決定されるものです。したがって、職務（役割）給と業績給は相関の関係にあります。この業請給は、とくに年に2回の賞与を中心に反映していくことが考えられます。また営業職などでは歩合給として、一部ですが採りいれることも考えられます。

以上、3つの要素からみてみましたが、それぞれにメリットとデメリットがあります。このことを十分に考え、それぞれ対象者の階層や職掌ごとに区分したうえで最適な組み合わせを行っていく必要があります。

3 基本給の見直し

　これからの基本給はどうあるべきか、あらためて中長期的な視野で考えてみましょう。

　同一労働同一賃金に向けて、基本給とこれに結びつく人事制度をどのように見直していくかということは大変難しい問題です。ガイドライン、マニュアル、手引き、上級審の判例などを見ても明確には謳われていません。

　多くの企業では、正社員等については職能資格制度、パートなど非正規社員等については職務等級制度が適しているというのが考え方としては現時点でほぼ定着していると思います。しかしながら、非正規社員等の処遇について、正社員等の処遇と比較する場合において制度が異なるというのはそのこと自体が厄介です。場合によっては、なぜ制度が違うのかという説明から始まり、制度を超えて読み変えたうえで具体的に説明することが都度求められることにもなりかねません。

　2020年10月の最高裁判決では、正社員の年功的な職能資格制度を現状では認めたところもありますが、客観的にみれば多くの企業において、正社員等も含めて人事制度を人；ヒト基準から仕事基準へとシフトさせていく必要があることについては既に共通認識であるといってよいでしょう。このように仕事基準を前提とした場合には、賃金の要素としては職務給・役割給が中心となります **[※参考]**。

　しかしながら人事制度を見直すといっても、その方法や手順は、その企業の実態やポリシーによって選択肢は飛躍的に増えてきます。以下、比較的定型業務に携わっている一般的なパートおよびフルタイムの契約社員を前提としてみましょう。これは日本の非正規問題において最も多い層ともいえます。これをざっくりとした区分としてとらえてみます。これとは異なる専門性の高い個別契約社員や定年後の再雇用社員（いわ

ゆる嘱託、シニア社員）についてはこれと一線を画した制度とする必要
も出てきます。これについては、**第5章**の事例を参照願います。また、
言うまでもありませんが、今後の法改正、判例や行政の動向に応じて対
応を見直していくことも留意しておく必要があります。

※労務行政研究所の「人事労務諸制度の実施状況（2018年調査）」によれば、
　職務給・役割給を設定している企業の割合は、43.6％（中小企業；従業員
　300人未満の企業では36.2％）となっています。

1 ┃ 人事制度と結び付く基本給のタイプ

①タイプ a の場合

　以下、a・b・c の3つのタイプに分けて解説します。

　a は、個々の契約で決まっていた非正規社員について正社員の基本給
を含む人事賃金制度に合わせていくものです**（図表3-7）**。非正規の人
数が少なく、経験やスキルも一定以上で賃金等処遇についてもそれほど
大きな違いがない場合が該当します。ミニマムチェンジとも言えますが、
この場合であっても法規に則って優先順位をつけ、例えば先述の諸手当
の見直しなどについては早急に行っていく必要があります。ただし、状
況によっては矛盾を抱えたまま移行ということも考えられ、長期的にみ
ると次の段階に向けての正社員を含む体系的な再構築が求められること
もあると考えます。

図表 3-7 タイプa

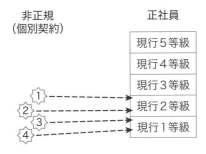

②タイプｂの場合

　タイプｂと**タイプｃ**は、非正規社員のみならず正社員についても人事賃金制度の見直しを行う場合です。現在の正社員の人事賃金制度が年功的な要素が強く、旧態依然で実態にそぐわず、中期的にみて見直しが避けられない場合などが該当します。

　うち、ｂは正社員と非正規社員それぞれについての担当職務などの区分を明らかにしたうえで、正社員については職能資格制度、非正規社員についてはシンプルな職務等級制度としたものです。なお、新たに職務等級制度を採用する場合には、**第2章**であげた職務（役割）評価をもとに、点数によって該当する職務等級に格付けたうえで移行することが考えられます。

　人事賃金制度の基本的考え方からすれば、基本給について、正社員が能力給（職能給）、非正規については職務給となります。これを**タイプｂ①**とします（**図表3-8**）。

図表 3-8 タイプｂ①

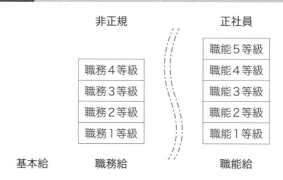

　ただし、このタイプは、正社員と非正規が別の基本給体系ということになり、なぜ異なるのか、単に金額のみならず合理的な説明が難しいという課題は残ったままです。

　また、職務給については本来定期昇給の対象とはならない性格のものですが、正社員に対して賃金規程などにおいて定期昇給制度を明確に持

つものであれば、非正規であっても変則的ですが、定期昇給に準ずる運用を行っていく必要があると考えます。

さて、**タイプb①**の矛盾を少しでも解決する方向として考えられるのは、総合職、一般職や勤務地限定などのコース別および職掌や職種など採用時点から、長期的なキャリア開発の面において異なる要素を、本給（基本給のなかでもベースとなる賃金）に盛り込むとともに、都度その時点で担当する職務に応じて変動する部分については、別途職務給（役割給）として二本立てで設計する**タイプb②**案です（**図表3-9**）。

製造、商品管理、販売、サービスなど現場が中心の業種で非正規の人数がかなり多い場合には、当面の人件費コストの面からも現実的な策であると言えます。ただしこの場合であっても、中堅の役付き者が中心となるSクラスと、管理職および高度な専門職としてのMクラスについては、本給部分についても共通にもっていくことが望ましいといえます。

また、見直しに伴って、非正規から正社員への転換基準および昇格・昇進基準を明確に定め、厳格に運用していくことが求められることになるのは当然です。

詰まるところ、この**タイプb②**案は以前からそれなりにあった区分を残しながら、課題を明らかにして過渡期措置として導入するという見方もあるかも知れませんが、移行可能な現実的な制度としてコンサルタントとして実際にもっとも多く提案しているタイプです。

図表 3-9 タイプb②

	非正規		正社員（総合職）
			正社員5等級＝S-2
			正社員4等級＝S-1
	パート等3等級		正社員3等級＝J-3
	パート等2等級		正社員2等級＝J-2
	パート等1等級		正社員1等級＝J-1

基本給 ＝ コース・職掌別の本給＋共通の職務給（役割給）

　ちなみにここでいう本給の言い方としては、他にコース別給、職掌給（職種給）、職群給などその内容を直接表したもの、他には（第一）基本給、職能給、実力給などが挙げられるところです。いずれにしても職務給・役割給とは区分するものです。すなわち従来の正社員は、中長期的視野でキャリア形成を計画的に図っていくものであることを前提にして、これを賃金制度でも位置づけたものとみることができます。

　なお、定期昇給については、その考え方自体が以前よりは変わってきているのも事実ですが、高卒や大卒などの学歴別の初任給が、起点として一律に低い額に設定している以上、定期昇給的な運用は今後とも避けては通れません。この場合、本給（コース・職掌別など）を定期昇給の対象とします。もっとも初任給の決め方も、年に一度の4月採用から脱却して、通年採用に基づく一律ではない決め方で今後見直しを進めていく必要があります。

図表 3-10 タイプb②の例

以下により、本給が決定される（正社員：総合職用の等級設定例）

正社員（総合職）：幹部および将来の幹部候補として管理職業務または主要な業務を担当する		
MⅡクラス／上位管理職		部長相当
MⅠクラス／初任管理・専門職		課長相当
Sクラス／企画・指導職	S-2	経験が豊富でMクラス候補の者
	S-1	役付相当
Jクラス／担当職	J-3	経験が豊富でSクラス候補の者
	J-2	
	J-1	

図表 3-11 タイプb②の例

以下により、職務給（役割給）が決定される（正社員・非正規とも共通）

職務(役割)レベル	ライン指導職		ライン管理職		ラインを除く管理職等			
	リーダー職		正規の統括職		専任職		専門職	
L12				部長				
L11				部長				
L10			課長、					
L9			課長、					（技師長・主席技師）
L8			課長補佐				（上級技師・専門課長）	
L7			課長補佐			（専任技師・専任課長）	（上級技師・専門課長）	
L6	チームリーダー				チーフ			
L5	チームリーダー							
L4	サブリーダー							
L3								
L2								
L1								

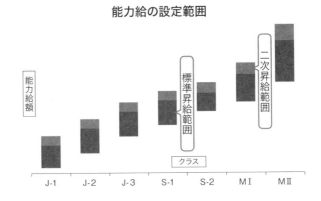

図表 3-12　（参考）タイプb②の設計例（能力給・職務給（役割給）併存型）

能力給の設定範囲

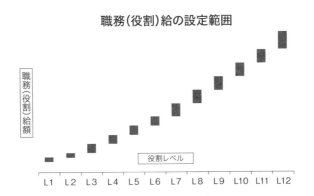

職務（役割）給の設定範囲

③タイプcの場合

　なお、タイプの最後になりますが、本来一番適しているのが正規、非正規を問わず１つの制度として完結させることであるには違いありません。これが**タイプc案**となります**（図表3-13）**。

　タイプc案は一気に職務（役割）基準型人事の方に移行し、賃金制度では職務給（役割給）と位置づける方法であり、場合によってはハードランディリングにもなりかねません。後述しますが、経験が浅い社員の人数がもともと少なく、しかも業種業態の変化が急で経営上の英断が迫

られているＩＴ業界や高付加価値サービス業など、個々に専門性や技術力が問われる職種などが相当します。

図表 3-13 タイプc

非正規・正社員とも共通の制度

新5等級＝ S-2級
新4等級＝ S-1級
新3等級＝ J-3級
新2等級＝ J-2級
新1等級＝ J-1級

共通の基本給

　以上、**a・b①・b②・c**の選択にあたっては、対象となる人数、担当職務そのものの見直しにかかる人件費コスト、対象者の能力とスキル、非正規社員の意識および会社のポリシーなどから判断することになります。あわせて、いずれであっても、非正規社員および正社員が実際に担当する仕事の区分についての整理が必要になると考えられます。なぜならば、人事は制度のみならず運用も重要であり、今後の法改正、一般的な動向および採用方針などからも合理的な説明がつくように常に"ing"で対応していく必要があるからです。

　これらについては、詳しくは拙著、『わかりやすい「同一労働同一賃金」の導入手順』（労働調査会）に会話形式で具体的に記述していますので、そちらの方も参照願います。

参考　コース別について

コース	区分	キャリア形成	異動範囲
総合職	基幹業務と関連業務分野および業界動向等に広範かつ豊富な知識を要する職務	長期的視野での幹部（候補）としての育成を行う	（原則として）転勤の対象にもなり得る
一般職	総合職を補佐するとともに、一定の判断を要する定型的業務を中心とした限定された職務（総合職よりも習熟の幅が狭い）	担当実務を中心としたスキル開発と実務経験 本人の意欲と能力適性によって総合職への転換の道を開く	住居の異動を伴わない異動に限定する

【一般職の定義の例】
事務や生産を中心に、総合職の補助業務を中心に営業事務や生産・加工を中心とした分野の実務を担う社員とする。

参考　職掌の設定例

　職掌とは人事マネジメント上の職種分類の在り方からきています。これまでも例えば営業職としての採用なども行われてきてはいましたが、これをあらためて職掌で区分したうえでそれぞれの特性に応じたマネジメントを行っていくという見方もできます。

　ただし、これは単に組織図における部署にこだわることではなく、それぞれの社員の職務の実態に応じて決定するものです。

営業職掌

　幹部または幹部候補として、自己の担当取引先を持ち、マーケティング業務を含めて主として渉外に関わる職種

技術開発職掌

　幹部または幹部候補として、設計・技術開発・研究等に主体的に関わるもので専門知識や業務に伴う独自の判断力や創造力も要求される職種

製造職掌

　幹部または幹部候補として、製造の管理業務に主体的に関わるもので専門知識や業務に伴う独自の判断力も要求される職種

業務職掌

　幹部または幹部候補として、総務・人事・経理・法務・情報・(生産管理・品質管理) 等の内部管理業務の全般に関わる職種

事務職掌

　事業所での採用で総合職の補助として、主として営業・経理等の内勤事務を行う職種

技能職掌

　事業所での採用で総合職の補助として、主として生産・加工・検査・物流等の実務を行う職種

4 賞与制度の再設計

1 これからの賞与

　以下は、賞与制度を見直していく場合、**3**のa・b・cに共通して適用できると思われます。

　多くの企業では、夏期（7月頃）と年末（12月頃）の年2回、賞与が支給されています。金額等も含めてこのような仕組みは他の国ではほとんどなく、日本独特のユニークな制度です。このことから設計の中身によっては大変使い勝手がよいと言えます。そもそも賞与は月々の賃金ほど、法律の制約もそれほど多くありません。

　賞与の目的については以下のとおりです。

①会社業績からの利益を従業員に分配する

②奨励金としての性格のもの

③社員側または労働組合などからみれば、毎月の賃金の後払い、すなわち一定分まとめて年に2回必要なときに支払うもの

　実際にはそれぞれの要素が入り組んだ企業によっても異なる性格を持つ賃金と言えます。

　あらためてこれからの賞与制度を考えるにあたっては以下の点に留意する必要があります。

①賞与は年収における比重がかなり高いこと（業種によっても異なるが、一般的には通勤手当や時間外手当などを除く年収のほぼ3割近くを占めている）

②賞与は月々の賃金とは異なって都度、キャンセルされるものであること

③賞与は柔軟性が高い性格のものであること（月例賃金は生活給としての意味合いが強く、最低賃金法など法規面での制約も大きいが、賞与は企業によって制度の有無も含めてかなり自由であること）

　今回の同一労働同一賃金のガイドラインにおいても、会社の業績等への貢献度に応じて賞与が決定されるものであれば、非正規社員に対しても同じ貢献とみなされた場合には同じであるべきとなっています。しかしながら、パートや契約社員など非正規社員に対して、正社員と同じ基準の賞与を支給する企業はこれまでほとんどなかったといえるでしょう。賞与制度の見直し、改善は人件費コストを含めて大変大きな経営課題になってきます。

　一言でいうと、非正規社員に対してこれまで支給しなかった企業は、まずは3万、5万、7万円の寸志から、寸志を支給してきた企業には寸志レベルからの脱却を図るということが先決となるでしょう。ただし、担当の職種、職務、勤続年数、評価などによって正社員も含めて見直していくことが避けられなくなってくるといえます。月例賃金や退職金であればそうはいきませんが、賞与だからこそ試行錯誤で、見直したうえで、次に別の観点から見直すこともあり得るとみることもできます。もちろん、都度、丁寧な説明と振り返り（検証）あってこそのものとなります。

2 ｜ 業績連動型賞与の導入

　同一労働同一賃金を目指すうえで、基本給に標準月数を乗じて評価で加減するなど従来型の賞与を見直し、決定基準を明らかにした業績連動型の賞与を採りいれることが、年収管理の面からみても適していると考えられます。

　ここでいう年収管理とは社員の賃金決定にあたって、水準や内容について、退職金は別として1年でもって完結させることです。これは、管理職、経験豊富な営業職や専門職を対象とした年俸制の考え方にも結び付くものです。すなわち、成果主義の方向で見直すことを前提とすれば、賞与にこれまで以上に業績への貢献度を的確に評価した業績給の要素をより大きくして、年収ベースでの複合型の賃金体系に転換していくことが求められるということになります。

3 ┃ 業績連動型賞与の条件

業績連動型賞与とは、まず組織の業績に関する客観的な指標（ものさし）を設定し、社員に還元する賞与の大枠を明らかにすることから始める必要があります。

ここでいう組織業績とは、2つに分けてとらえることができます。1つ目は会社全体、2つ目は部や課・営業所またはチームなどの組織単位のものに分けてとらえるものです。組織ごとの業績を把握するためには財務管理を適正に行い、業績に関するデータを社員に公開していくことも必要になってきます。このとき、貢献度が高い社員に、その分け前が大きくなるような公平で適正、納得感のある客観的な分配基準（ルール）を作らなくてはなりません。

考えてみれば、社員一人で完結する業務というのはほとんどありません。多くは集団、組織としてまとまって初めて業績を発揮できるといえます。例えば、個々の業績が比較的はっきりでる営業であったとしても、上司からの指示のあり方、製造、購買、配送やその他の間接部門からの協力体制などによって大きく左右されてきます。

したがって、組織業績に対して個々の社員がどの程度貢献できたかという間接的な評価を丁寧にしっかりやっていくことが求められます。

4 ┃ 業績連動型賞与を導入するための留意点

業績連動型賞与を導入するにあたっては、以下の点にも注意しなくてはなりません。

①当社の現状に合った仕組みを設計します

②それぞれの責任と権限に見合う責任の範囲内で決定します。このことは自己の裁量範囲に応じて自己の賃金にも責任を持つということにも結びつきます

③公平性と納得性を第一に考えます。業績評価は、今まで以上に公平性と納得性が求められますが、これは社内で競争意識を高めることにも結びつきます

④社員にとって動機づけとなる制度とします。個々の社員がやる気にならないと本来の賞与の目的を保てません。頑張れば自分も達成が叶うと期待がもてるような現実的で具体的な目標値を設定することが求められます。言い換えれば、今期は仮に達成できなかったとしても来期にはチャレンジして結果次第ではリカバリーが十分に可能な仕組みとすることです

　賞与制度を見直すということは、評価制度を見直すことでもあり、これには後述の目標管理制度（MBO）の位置づけが大変重要になってきます。

5 ポイント制賞与制度の設計

　まず定例賞与分と業績賞与分（全体―個人および部門別）とに区分します。後者の業績賞与分の方にポイント制を採りいれます。

　定例賞与と業績賞与との２つに分ける目的ですが、定例賞与は、賞与の一定の部分を生活給としての安定保証分としてとらえ、業績の多少の変動に関係なく一定率を支給する部分です。もちろん、安定保証をどの程度重視するかによって変わってきます。すなわち、考え方によっては

図表 3-14 新しい賞与

⇒業績を評価結果に応じて配分する変動賞与部分
（会社業績×個人の貢献度×または＋組織業績）
※組織業績改善には加点で報いることも考えられる

〔業績分配賞与；業績連動については ポイント方式を採用〕

⇒月額賃金の後払い的部分としての
　安定賞与部分（新基本給など×一定の月数）

この部分を認定しないこともあります。また、もう一方の業績分配賞与分は、業績を反映する変動賞与として成果配分の考えに基づいて半期の人事評価結果を合理的に反映させるものとします。このところにポイント制を採用することとなります。

　以下は、縦軸のクラスと業績評価によるマトリクスポイント表の例です。

図表　3-15 等級ポイント賞与例

賞与査定結果（評語）	クラス-級	s	a	b	c	d
以下のクラス-級に対する設定指数	M	1.30	1.15	1.00	0.90	0.80
	J・S	1.20	1.10	1.00	0.95	0.90
クラス-級区分						
管理・専門職クラス	MⅡ	455	403	350	315	280
	MⅠ	390	345	300	270	240
一般・指導職クラス	S-2	270	248	225	214	203
	S-1	240	220	200	190	180
	J-3	180	165	150	143	135
	J-2	150	138	125	119	113
	J-1	120	110	100	95	90

J-1級のb（標準賞与査定）を100とする（便宜上のものであり、指数を示す）。MⅡクラスの最大でSが455、最低でJ-1のdを90と設定している。

○賞与の固定的部分を1.5カ月分（年間3カ月）とする。
　　X社員の算定基礎額（ここでは基本給）が20万円であるとすると、
　　①200,000×1.5カ月＝300,000円

○さらに、X社員はS-1級で、今期賞与査定がaであったとすると、220ポイントとなる。
　　今回賞与のポイント単価が1000円〔※1〕とすると、
　　②1000円×220ポイント＝220,000円となり、

○X社員の今期賞与は、①300,000円と②220,000円で、合計520,000円になる。

　このようにポイント表は、縦（クラス-級などの階層）と横（個人査定）の関係から成り立つものである。
　もちろん、賞与の固定部分の割合をどうみるかということが重要となる。
　また、縦よりも横の幅を大きくとるとすれば、個人の査定によるメリハリを大きくつけることになり、クラス-級間の逆転も十分に可能となる。
　なお、縦（階層）の格差を月例賃金相当分よりも大きくとれば、管理・専門職クラスなど上位の階層への再配分となり、時間外手当分などを考慮して月例賃金のバランス調整にもなる。

　なお、ポイント単価の算出方法は、以下のとおりである。
1）クラス-級別の賞与査定評価を反映した総ポイントを概算で算出する。
　　J-1a；110p×1名＋J-1b；100p×4名＋J-2a；138p×3名＋…
　　　…　＝30000p（総ポイント数）

2）今期の業績賞与総額を、1）の総ポイント数で割る。
　　3000万円／30000p＝1000円（1ポイント当たり単価）

　このようにポイント単価については、期ごとに変動するが、あまりにも変動が多い場合には一定のルールを決めておくことも考えられる。
【例】前期の80〜120％の範囲内とする。

　以上ですが、このポイント制のメリットは、必要な要素をポイントに置き換えて合理的に運用できるところにあります。

《 参考 》

b②案の場合の基本等級と役割レベルのマトリクス方式

　以下は、先述（93頁）の **3** の**タイプb②**に該当する応用編になりますが、役割レベルも組み込んだマトリクス形式のポイント賞与設定例です。等級（クラス－級）別に設定した役割レベルに賞与評価査定を乗じて決定される、いわば三次元からなるものです。これについては、先述の**タイプc（96頁）**などにも適用できます。
　このようにポイント方式は、考え方を明確にすることができればいかようにでもシステム化できるスグレモノです。

図表 3-16 基本等級×役割レベルのマトリクスポイント賞与例

役割評価	クラス／役割レベル	L1	L2	L3	L4	L5	L6	L7	L8	L9	L10	L11	L12
以下のクラス-級に対する設定指数	J・S・M	1.00	1.10	1.20	1.30	1.40	1.50	1.60	1.70	1.80	1.90	2.00	2.10
クラス-級区分	MⅡ	150	165	180	195	210	225	240	255	270	285	300	315
	MⅠ	135	149	162	176	189	203	216	230	243	257	270	284
	S-1	120	132	144	156	168	180	192	204	216	228	240	252
	J-2	110	121	132	143	154	165	176	187	98	209	220	231
	J-1	100	110	120	130	140	150	160	170	180	190	200	210

賞与査定表

評語	格差小	格差大
S	1.30	1.40
a	1.15	1.20
b＋	1.07	1.10
b	1.00	1.00
b−	0.93	0.90
c	0.85	0.80
d	0.70	0.60

×

　　初号として基本等級がJ-1で、役割等級（役割レベル）がL1のポイントを100とし、同じく基本等級がMⅡで、役割等級がL12の最大ポイントを315として設定する。次に賞与査定表（格差大）を設定してみる。これはb（標準賞与査定）を1.00とし、最大のs評価を1.40、最低のd評価を0.6としたものである。

　　賞与の固定的部分1.5ヵ月分（年間3ヵ月）としている。
　　例えばS社員の算定基礎額、すなわち基本給が16万円であるとすると、①16万円×1.5ヵ月で24万円となる。

　　さらに、S社員は基本等級がS-1等級で役割等級（役割レベル）がL5であるとすると168ポイントとなる。次に今期の賞与査定がaであったとする。

そうすると、168×1.2（格差大）で202ポイントとなる。
　次に、今回賞与のポイント単価が1000円とすると、
②1000円に202ポイントを掛けると20万2千円となり、
Ｓ社員の今期賞与は、①24万円と②20万2千円で、合計額が44万2千円となる。

　以上ですが、このポイント制のもっとも大きなメリットは、必要な要素をポイントに置き換えて合理的に運用できるところにあります。

5　退職金制度の再設計

1　ポイント制退職金制度

　賞与に続いて、退職金制度についても**3**のa・b・c案を問わず、見直しが進んでいくと考えられます。実際に定年後の再雇用者（嘱託・シニア社員）について、定年までの本来の退職金制度とは異なる退職功労金を導入したいとの相談を受けていますし、派遣社員については労使協定方式を採用する場合、派遣料金のなかに退職金部分を含めて設定するようにとの基準も発表されています。

　これからの退職金制度については、大企業を中心に既に多く採りいれられてきているポイント制が適用できるといえます。ポイント制となれば、年功、勤続功労としてのこれまでの退職金から能力主義・成果主義型へと見直すことになります。

　また、中途採用者については、勤続年数によって大きく変わる係数により、これまで新卒採用者よりも不利益になっていました。これをポイント制退職金へ見直すことにより、能力を発揮して昇格し、上位の役職位に昇進すればより高くなる仕組みとなるように設計します。すなわち、毎年の貢献度に応じて報われる動機付けに結びつく制度に変わることが期待できるわけです。

　さらに現在の契約社員など非正規の社員にも支給することを含めて検討を進めていくことも考えられます。

　ポイント制退職金の基本形は以下のとおりです。

退職金額 ＝（累計）｛勤続ポイント＋等級ポイント＋その他のポイント｝
　　　　　×ポイント単価　※１
　　　　　×退職理由区分〔（自己都合や業務外の傷病など）による係数の
　　　　　　支給割合（％）を表したもの〕
※１；当初、１千円や１万円などきりのよいところで設定します。

とくに、同一労働同一賃金に向けての退職金はポイント制が適していると思われますが、その理由は以下のとおりです。

①柔軟で合理的であること

　会社の退職金に対する考え方をポイントに自由に表すことが可能となります。基本は等級ポイントと勤続ポイントですが、必要な要素を組み込むことができるようになります。最近では、役職（役割）ポイントや評価ポイントを付加するケースも出てきています。例えば、評価ポイントでは、Ｓクラスはプラス評価のみの加算、管理職のＭクラスはプラスマイナス双方のメリハリをつけるなども設定できます。

②新制度への移行が円滑にできること

　ポイント制への移行の場合、月における退職金支給額をいったんそれぞれ計算し、これをベース額として、その後から新しい退職金制度に基づいて１年ごとのポイントの上積みを図っていくことになります。新制度への移行月の退職金額が減額となることはあり得ず、移行後から変更されることになります。すなわち、導入後からは新しい退職金の考え方が徐々に反映されていくということになります。

③コースや職掌など職群設定に対応できること

　b②案などがまさにそうですが、制度上で前提としてのコースなどが異なるのであれば、（総合職と一般職など）、コース別に等級ポイントを設定することができます。

④最後にポイント単価によって退職金額が決定されるものであること

　例えば、毎年ではありませんが、物価の変動やベースアップ（ベア）などの傾向によって、ポイント単価も変更できるように規程に明記することが考えられます。

参考例　1 ポイント制退職金の設定例（会社都合退職の場合）

等級ポイント表
（正社員；総合職の場合）

等級	ポイント
MⅡ	45
MⅠ	35
S-2	25
S-1	20
J-3	15
J-2	10
J-1	5

評価によって幅を設けることも考えられます
例）A評価（優秀）以上は＋20％　など

職務（役割）ポイント表

職務(役割)レベル	ポイント
L12	30
L11	28
L10	26
L9	24
L8	22
L7	20
L6	14
L5	12
L4	10
L3	6
L2	4
L1	2

退職金額＝（累計）〔等級ポイント＋職務(役割)ポイント……毎年の合計〕
　　　　×ポイント単価(導入時1万円)×退職事由別係数

参考例　2 退職事由別係数の設定例

　下記の表は、会社都合退職手当金を100％とした場合の自己都合退職手当金の係数（比率）を指す。
　業務外傷病による退職の場合には、個々の退職に至るまでの状況を踏まえて自己都合比率を上回るように特別に配慮することがある。

勤続年数	現行自己都合／会社都合
1年〜	50％
2〜4年	60％
5〜9年	65％
10〜14年	75％
15〜19年	80％
20〜24年	85％
25〜29年	90％
30年以上	100％

第4章
人事評価制度

1 これからの人事評価制度

　同一労働同一賃金に向けて、トータル人事制度のなかでも評価制度がこれまで以上に重要になってきます。

　評価は、大きくは業績と職務行動に分けられます。業績とは成果、すなわち担当職務の結果そのものをとらえるものです。これに対して職務行動評価とはプロセスの評価であり、結果に至るまでの途中の経過を、例えば優秀者の実際の行動特性などから追ってとらえるものです。能力主義、成果主義を目指すことは変わらないものの、長い目で見てしっかりと地道にやるべきことを自ら考えて行動すべきという観点から、職務行動評価の重要性についても最近よく聞くところです。

2 評価制度設計の進め方

　まず行うべきなのは各企業で、「それぞれの人事コースにおける人材ビジョンを明確にしてみる」ことです。これは、あらためてトップダウンで中長期経営ビジョンを明確に打ち出していただくことから始まります。これに従って、「経営の見える化」が進むとともに、次にこれを担う“ヒト”、人材像を描いていくことになります。

　次に「人材モデルを複線的に描いてみる」ことです。それぞれの企業独自の能力主義を進めていくためには、このような立体的なとらえ方が避けては通れません。

3 評価の区分設定

1 コース区分

　同一労働同一賃金に向けて、評価制度においても「雇用の区分」が重要になります。

　基本的なところで期待する人材基準をまずは明らかにします。

　例えば、総合職コースは、「長期的にみて幹部または幹部候補として、能力や適性が合致する人材を採用し、育成と適正処遇を図っていく」、一般職コースは、「長期的にみて総合職に準じる立場で、これを補佐しつつ実務面での能力や適性が適応する人材を採用し、育成と適正な処遇を図っていく」などを念頭に設計を進めていきます。

　一方の契約社員、なかでも無期契約に変更となった社員については、「総合職や一般職とは異なり、短期間で、時間または職務または地域など限定された条件の前提のもと、これに適応する人材を採用し、育成と適正処遇を図っていく」などと定義します。

　ただし、それはこれまでの身分的で硬直的なものではなく、本人の意欲と適性による転換が十分に確保されているものであるべきです。したがって、これからは転換制度、転換基準が今まで以上に重要になってきます（第4章「**7 正社員への登用制度**」→136頁）。

　これについては2020年10月の最高裁判決でも明確に示されています。

2 階層区分

　Jクラスの社員に対しては、「自己の担当職務を確立していく段階」として焦点を当てます。

　Sクラスの社員に対しては、縦の関係を意識するとともに、既にベテ

ランとして組織運営上で公正な人材開発を行うことに焦点を当てます。
このことは、ジョブローテーション、昇格や降格、昇進や降職などに向
けて組織マネジメントを積極的に進めていくことでもあります。

　Mクラスの社員については、管理職およびこれに匹敵する高度な専門
職であるということに焦点を当てます。

　一般的に非正規の契約社員については、ＪクラスまたはＳクラスの初
級などを意識して並行して人事評価を進めます。

3 ｜ 職掌区分

　職掌別には、わかりやすい営業職掌から押さえます。渉外担当の営業
職は、担当売上額など常に数字を背負う立場にあります。個々の目標が
明確に設定しやすい職種であるには違いありません。これは、結果に対
する責任がストレートに結びつく職掌といえ、これを賃金制度にもあて
はめることができます。営業職は、若く経験が浅いうちから自主的な営
業活動を任されています。業績評価に重点をおいて、会社や部門ごとの
独自の基準を設定した目標管理を重視した評価制度が適合します。

　次に技術開発、研究職掌は、プロジェクトチームを中心として機動的
に機能する場合が多いです。組織からみるとアメーバ型ともいえます。
このような場合には、ライン中心の評価ではなく、ラインの長としての
課長よりも、そのプロジェクトリーダーの方についても評価者とするこ
とも考えられます。

　プロジェクトの数が多い場合も考えられ、目標管理制度の進め方にも
なってきますが、プロジェクトごとの目標課題を設定し、そのウエイト
もプロジェクトのジョブサイズによって振り分けるようなやり方も考え
ていく必要があります。

　製造職掌については、比較的縦割りの組織が明確で、各担当の割当て
も明確になっています。また実際に組長や職長、班長などの監督職クラ
スが采配をふっているケースが多いです。この場合、管理の対象となる
人数も多くなってきます。これについてはシンプルでわかりやすい評価
制度が適当です。多能工化が課題として挙げられるところもあり、目標

設定を始めとして、能力開発や異動配置もこれを意図して運用していきます。

残る事務など管理、間接部門については、比較的縦割りの組織となっています。各担当への業務割当ても比較的明らかになっていますが期待される成果については必ずしも明らかではないところもあるので、成果そのものよりもプロセスの方に重点をあてた評価基準が使いやすくなります。

4 | 評価体系図の作成

評価体系図とは、縦に階層（クラス－級）、横に職掌をとって、どのような区分でとらえていくのか明らかにしてみるものです。これは単に帳票を分けるという見方だけのものではなく、配点だけの違いや調整の際の区分など、必ずしも同一にはとらえられない区分ということも含めてとらえるものです。

5 | 評価の構成

評価の構成、内訳については以下のとおりです（**図表4-1**）。

図表 4-1 人事評価の構成図

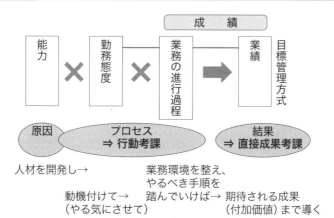

115

　まず、川下に位置している、部下本人（被評価者）の今期期待される成果について明らかにします。成績とは当期末までに期待する仕事の成果を表すものです。なかでも業績とは直接成果すなわち求める数値などの付加価値をズバリ指すものです。

　一方で川上に位置している能力とは原因、すなわち能力開発に役立てていくためのもっとも基本的な人材の要因です。それ以外が途中経過状況でのプロセス評価ということになります。職務行動評価とは、業績以外のすべてにおいて幅広くとらえるものです。成績のなかの業務プロセスとは、業績を補完する意味があり、評価期間末における業務の進捗状況についてとらえるものです。一方の勤務態度は、評価期間内における行動ぶりについて評価者が日々観察したうえで評価するものです。

　以上を前提として、これからの評価制度は、科学的な分析のうえで行っていくことが求められます。

4　成績・業績評価の設計

1　成績・業績評価の基本

　ガイドラインにおいても「正社員等に対してノルマが課せられている一方で、非正規社員等には課せられていない場合には、合理性がある範囲での差があることは認められる」旨の記述も見受けられるところです。

　しかしながら、"ノルマ"という言葉は、人事マネジメントでは必ずしも適切な表現とはいえません。"ノルマ"は、旧ソ連で用いられていた用語で、労働者が一定時間に遂行すべきものとして割り当てられた労働の基準量を言います。言ってみれば、上位組織から半ば強制力を伴って一方的に押し付けられたものであり、新しい人事評価制度のイメージからはほど遠い気がします。したがって、正社員等に対して「人事評価制度において業績を評価するにあたっては、目標（による）管理制度と効果的に連動させることにより（これを**目標管理方式**といいます）、非正規社員等とは一線を画す」とすべきです。

　実際に目標管理に関する書物を見ても、ノルマと目標管理とは異なるとの明確な記述が少なからず見受けられます。例えば、目標の達成率が8割であったとします。上司の口から、「8割であればまずまずの出来だな」と素直に自然と出るのがノルマに近いものだとみることもできます。これに対して、目標管理制度における"目標"とは、従業員自らも目標設定の段階から参画し、理解し納得したうえで設定した科学的な手法で導かれた目標値であると定義しておきたいと思います。

　一方で非正規社員、すなわち、パートや定年後再雇用の嘱託など期間の定めのある契約社員についてもこれからは人事評価が重要になってくるものとお伝えしてきました。

　ではこれらの非正規社員等については、どのような評価制度、評価基

117

準であるべきなのでしょうか？　それはとくに成績・業績評価において
必ずしも、目標数値にはこだわらない、例えば**図表4-2**のように量的
な見地×質的な見地でとらえるという方法です。

図表　4-2 量と質による成績評価

◆業務の量	評語
○ 評価期間内にこなした業務量は、所属する等級における期待基準 　に対してどうであったか。 ○ 仕事の速さは期待どおりで、決められた時間・期間内に仕事をや 　り遂げたか。	S
	A
	B
	C
	D

◆業務の質	評語
○ 仕事の質的な面（出来ばえ）は、所属する等級における期待基準 　に対してどうであったか。 ○ 仕事は正確で的確、緻密で信頼のおけるものであったか。	S
	A
	B
	C
	D

2 ｜ 目標管理方式による業績評価

　目標管理方式は、実際に中堅規模以上の企業では圧倒的といってよい
ほど多く実施されているものです。

　正社員に対しては、業績評価については原則として目標管理方式で進
めます。**図表4-3**を参照してください。

　ただし、中小企業などで目標管理について初めて導入する企業やまだ
十分に慣れていない企業では、試行錯誤で進めていかざるを得ません。
目標管理方式は、量と質による簡便な成績評価よりも、定着するまでに
は3倍以上かかるとも言われています。

　そのためにも、階層別、職掌別に区分したうえで、それぞれに実態に
即した目標を設定する必要があります（**図表4-4（120頁）**参照）。S
クラス以上の上位層および数字の責任が明確な営業職などから一足早く
進めていくことも考えられます。

図表 4-3 事務・製造職掌Jクラスの場合

期首設定（本人記載）
目標設定 >> 直属長に提出 >> 面談 >> 本人に本紙を返却（本人保管）

	目標設定	達成すべき水準	目標達成方法・スケジュール
担当業務目標	①○○業務における納期の順守	納期の半月の余裕をもって全て完了させること	◇月末の時点で、〜まで終えて上長へ報告、指示を受ける。 ◇月末の時点で○担当に説明のうえ、了承を得る。
	通常業務目標と、特別課題目標とに分けることも考えられます		
	②○○業務におけるミスを発生させないこと	通常、一般的に起こりうる軽微な業務ミスを30％削減するとともに、重大なミスは発生させないこと	

　また、評価制度としてとらえる以上、課題の選択を本人に任せきりとすること自体が誤りです。なかでも見受けられるのが白紙委任状形式の目標管理はただちに止めるべきです。

　目標設定にあたってはその職掌ごとに必須科目（項目）、すなわち、必ず設定すべき項目、あらかじめ考慮される科目を洗い出して提示する選択項目、そして上司と話し合ってそれ以外にも当期に必要であると思われる項目を設定する任意項目の3区分で設定していくことが考えられます。これは目標管理制度を形骸化させないための鍵ともなります。

119

図表 4-4 製造職掌Sクラスの場合

	期首設定（本人記載） 目標設定 >> 上長に提出 >> 面談 >> 本人に本紙を返却（本人保管）				（直属長）
	目標設定	達成すべき水準	目標達成方法・スケジュール	ウエイト	難易度
業務重点目標	①作業標準の策定（作業能率の向上のために、作業標準を作成する）	単位作業時間を○○年中に10%短縮することを目標値とする	タタキ台を作成して工場長あてに提出する。週に1度職場ミーティングを開き、意見をまとめる。	30%	高
	②外注部品納期遅れの改善	遅延率を2%から1.5%に抑える	～と合同で進める。外注先とのミーティングにおいて～指導する。2カ月単位で測定し、改善点について～	25%	高
	③製品に関する瑕疵件数（クレーム・トラブルなども含む）の削減	年間△件から△件へ20%減を目標値とする	分析を行い～する。未熟練者（経験1年未満の職員）を訓練し、～まで実行させる。	25%	
	④設備保守メインテナンスの充実	マニュアルを見直すとともに、故障発生件数が明らかに削減されること（△件程度）	現場とスタッフとの品質安定会議を月に2回設け、マニュアルを見直すとともに連絡帳票の様式を変更する。生産方式に関する勉強会を4月に実施する。	20%	
	⑤				

組織の上位目標を受けて、担当する業務に関する課題を3つ以上、5つまで設定してください。

120

図表 4-5 目標設定の例

※以下については「必須課題」として必ず目標のなかに指定の個数（例・3題）
　以上設定してください。

①業績に直結するもの（とくに営業職掌）
②新技術の開発や新規開拓に関するもの
③改良、改善、業務の効率化に関するもの
　…技法・手続き・実行手順を見直したうえで、新たなとらえ方で業務を進
　　める場合
④顧客満足度の向上に結び付くもの
　…管理部門や間接部門では、社内の各部門を顧客としてとらえてみてください

　あわせて、目標管理方式による評価には、限界があります。その理由
は以下のとおりです。
①目標は、期の初めに期末に至る経営業務環境を予想したうえで目標を
　設定することになるが、予想が当初より変わることがあり得ること。
②目標は、上位組織および重要性から絞り込んだものであり、全ての課
　題を網羅するものではないこと。
③目標は、達成の可能性から基準（ゴール）を設定することになるが、
　本人の能力、意識、上司や先輩の指導および支援などによって達成の
　可能性が変わることも十分あり得ること。

　目標の達成度評価は、いってみれば目標ごとにとらえた直接的な成果
のみを表すものです。ということは、目標が達成できたからただちに高
い評価、できなかったから低い評価とは単純にはいかない場合もあり得
るということです。
　この解決方法には以下のとおり、いくつか挙げられます。
　1つ目の方法は、②を前提として設定された目標以外の業務課題（そ
の他の諸課題）の枠を別途設けておく方法です。
　2つ目の方法は、③を前提として、難易度の評価（高い難易度の場合
には加点とする）を行うことです。慎重に公平性を期すために、一次評

価者よりも二次評価者に委ねることも考えられます。

　3つ目の方法は、間接連動方式です**（図表4-6）**。目標管理（チャレンジシートなど）は別途マネジメント面からの制度（技法）として進め、これをもとに人事評価表の方では、組織業績の貢献度も含めて総合的に次の基準とするなどが考えられます。

図表　4-6　間接連動方式の評価基準

定義	評語	点数配分
◎今期の目標を大きく上回る成果をあげ、組織業績への貢献度がきわめて大きかった	S	100%
○今期の目標を上回る成果をあげ、組織業績への貢献度も大きかった	A	80%
☆AとBの中間とみなされる場合	B＋	70%
△今期の目標はほぼ達成する程度の成果であった	B	60%
(Cのうち、本人の責任の及ばない範囲の要因で達成できなかった場合→当該要因がなければB以上)	B－	50%
▼今期の目標を下回る程度の成果で、組織業績への貢献も期待には応えられなかった	C	40%
×今期の設定目標には遠く及ばない成果で、組織業績へも全く貢献できなかった	D	20%

　また、それぞれの目標ごとにプロセス評価を設けることも考えられます。すなわち仮に目標が達成できなくても、いい線までは十分にきているという段階では、例えば加点で報いる仕組みを採りいれていくことになります。

　なお、管理部門などルーティンの仕事が中心な社員については、やって当たり前の本来の担当業務そのものを目標として挙げる例も多いですが、このような場合には「特別課題目標」と「日常業務目標」とに分けて設定するようにします。特別課題目標とは創造的でチャレンジングであるものの、達成に向けては不確実性とリスクを伴うものです。一方の

日常業務目標は定型的業務が中心で達成して当然の重要課題であり、いわゆる守りの目標ということになります。例えば人事でいうと、諸手当を見直すということは特別課題目標にあたるもので、毎月の給料を間違いなく給料日に支払うように進めていくなどが日常業務目標となるわけです。例えばＳクラス以上ついては特別課題目標の設定を義務付けることなどが考えられます。そのためにも階層ごとに区分すべきであるということになります。

　営業職掌以外ではなかなかうまくいかないことも実際にはかなり多く見受けられ、数値化以外の定性的な達成基準についての記述方法についても柔軟に認め、マニュアル等で職掌別にできるだけ多く例示するようにしていくことが望まれます。

5 職務行動評価基準の見直し

　行動評価についての基準は、以前は「コンピテンシー評価」が中心になっていたといえます。これはアメリカにおける行動心理学から発生したもので、平均者よりも実際に高い成果をあげている優秀者を基準とし、さらに能力あるヒトそのものよりも、成果からみた行動の方に注目したものです。また「〜する・〜している」という具体的な行動基準レベルで目に見える形でとらえようとしたもので、階層や職種ごとに必要な特性を選択し限定したものです。これについては、アンケートを管理職以上の評価者に対して実施したうえでまとめていくことが考えられます。

　同一労働同一賃金に向けての評価は、担当業務の結果としての成果；業績、勤務態度と能力評価を明確に設定したうえで理論的にも説明がつき、また誰がみてもわかりやすいその会社独自の評価基準を作り上げることが必要です。

　期待される能力に基づいてどの程度開発されてきているかの能力評価も、能力給（職務給）に密接に関わるだけに今まで以上に精査して行っていく必要があると思います。

1 ┃ 業務プロセス

　直接成果としての業績を補足的にとらえる項目です。目標達成度では評価できない業務の進展の度合いについて職掌ごとに整理したうえでとらえるものです。

2 ┃ 勤務態度

　避けては通れない項目でもあり、独自に細かく設定します。

あらかじめ定められた組織で決まっているルールを守ったかどうかの「職場規律」、それぞれに割り振られた担当業務に対する「責任感」、組織運営が円滑に行うように気配りを行う「チームワーク（協調性）」、職務への前向きさの「向上心（改善意欲）」や業務に直接的には関係しないものの自らスキルアップに励む「自己啓発意欲」などが挙げられます。

3 ┃ 能力評価

能力評価について、どのように部下の能力を評価するかとなると難しいところがあります。

したがって、日々の職務行動の観察の積み重ねから、評価の時点での真の実力としての到達度を評価せざるを得ないということになります。

具体的には**習得度**および**精神的習熟度**を評価していきます。

習得度

習得度とは職務を遂行していくうえでもっとも基本となる能力であり、さらに「知識」と「技能」の2つに分かれます。

知識とは、本やマニュアルなどの文書や研修などを通じて目や耳すなわち頭から習得する能力であって、ペーパー試験や業務に関連する資格を取得しているかで測ることが可能な評価項目といえます。

また階層、クラスによって必要な知識レベルが変わってきます。Jクラスに求められる基礎知識から、Sクラスにおける応用知識に至るまで段階を追って設定します。

技能は英語でいうスキルと言い換えることもできます。職務に必要なスキルについて経験を通じて体得、マスターしていくものを指します。なおMクラスなどの上位階層や研究職などについては「技術」と言い方をする方がなじみやすいです。

精神的習熟度

精神的習熟度とは、能力評価のうち、応用能力としての精神的な習熟度合いを指します。どの程度業務にこなれてきているのか、いわゆるつ

ぶしがどの程度きくかについて一時点での到達度として測るものです。

習熟能力の項目では、以下の4つが挙げられます。

①「判断力（分析力）」…担当業務に対する基本的な理解度（インプット能力）や実際の仕事が高度化するにつれてその応用能力の到達レベルを指します。

②「企画力」…独自のセンス（感性、独創性）を発揮して新たな価値を生み出したり、創造的な提案ができる能力の到達レベルを指します。

③「折衝力（報告／連絡／相談力など）」…業務で必要な対人関係の全てにわたり、広く表現に関する能力の到達レベルを指します。

④「活力（バイタリティー）」…組織の縦の関係におけるリーダーシップの芽生えを指すものでもあります。

4 ┃ 具体的な着眼点の作成

着眼点とは、実際に評価する際に、それぞれの評価項目のとらえ方について複数の具体的な文章形式で表したものです。これこそが現場を巻き込んで評価者のみならず評価される側の被評価者がピンとくるような生身の表現とすることが重要となります。その企業ならではの表現でオリジナル版を目指します。

5 ┃ 段階の設定

評価段階とは、評価の幅を、段階でもって設定するものです。

Ｊクラスを中心にまずは、基本の3段階とすることが考えられます。標準（基準）が真ん中のＢとし、上方評価としてのＡが上に1段階、下方評価としてのＣが下に1段階となります。これを絶対評価の3段階といいます。

なお、Ｓクラス以上は、Ｂを基準（標準）としたＳＡＢＣＤ（5・4・3・2・1）の5段階方式とします。一般的な日本企業の絶対評価では、この5段階がもっとも多く採用されています。このようにクラス（階層）によって段階設定も異なるようにすることが考えられます。

図表 4-7 5段階絶対基準の例

段階	各評価段階の内容
S 5	○ その上位の等級の基準で評価してもAである ※ きわめて優れている
A 4	○ 期待し要求する程度を上回る…ミスや問題がなく業務は完全に遂行され、申し分ない状態 ※ 優れており申し分ない
B 3	○ 期待し要求する程度…若干のミスや問題があったとしても、全体的には、よく業務が遂行されている状態
C 2	○ 期待し要求する程度を下回る…不十分な点はあるが、何とか業務は遂行されている状態 ※ ややもの足りない水準にある
D 1	○ 業務に支障をきたす状態 ※ 劣っており努力を要する

○ 成績・勤務態度評価　※ 能力評価の場合

参考　成績評価の職掌別の基準例（着眼点：上枠）と、
　　　同、目標管理方式の場合の目標設定例（下枠）

営業事務職掌

○ 見積書や注文書、納品書の作成、発行は期待どおりであったか

○ 売上伝票・請求書・相手先指定伝票の発行は期待どおりであったか

○ 取引先・メーカー・自社営業所・工場への発送および受入は期待どおりであったか

○ 梱包・送り状作成等の一連の商品配送は期待どおりであったか

○ 配送品送り状の保管整理は期待どおりであったか

○ 納品受付けと送り状の点検・整理保管は期待どおりであったか

○ 在庫帳の記入作成は期待どおりであったか

○ デモンストレーション・修理期間貸出品伝票の保管・管理は期待どおりであったか

○ 返品処理伝票の作成は期待どおりであったか

○ コンピュータによる売上帳の管理は期待どおりであったか

○ 入金帳の記帳は期待どおりであったか

○ 一般の支払いおよび送金の手続きは期待どおりであったか

○ 領収書の発行は期待どおりであったか

○ 発注書の確認は期待どおりであったか

○ 請求書内容の照合確認は期待どおりであったか

○ 一般的な集金業務は期待どおりであったか

○ 手形・小切手受領時のチェックリストの作成は期待どおりであったか
　（振出日・印紙額・割印・記名・捺印・線引小切手・手形の確認等）

○ 取扱い商品カタログの整理は期待どおりであったか

○ 業務のスケジュール遵守
　⇒・スケジュール表作成（●月●日）、資料郵送（●月●日）までに終える。

○ 商品発送・受け入れ業務の迅速化
　⇒・発注から納品（取引先・メーカーから自社営業所・工場）までの所要日
　　　数について、1日余裕をもって進める。

○ 返品処理の取扱いの適正化
　⇒・返品処理にあたっては、■時間以内に対応し、上司・関係先にすみやか
　　　に報告・連絡する。

○ 伝票処理の迅速化
　⇒・財務部へ伝票を毎月5日までに渡す。

○ 請求業務の適正化
　⇒・提出（発送）時期に遅れがないよう、内容に間違いがないよう照合確
　　　認を2回行う。

○ チェックリスト作成の迅速化
⇒・手形・小切手受領時のチェックリスト（振出日・印紙額・割印・記名・捺印・線引小切手・手形の確認等）の作成にかかる時間を■分間短縮する。

○ 入金帳の転記業務の迅速化
⇒・伝票起票から出納帳への転記までの間を1時間以内に終える。

○ 領収書発行業務の適正迅速化
⇒・1件あたり3分かかっていたのを2分以内とする。

○ 売上帳作成業務の適正迅速化
⇒・エクセルで作成、発行できるようにする。

○ 営業事務関係書類のファイリング整理
⇒・在庫帳・取扱い商品カタログ・配送品送り状等の整理、保管をマニュアルに沿って行う。

製造職掌

○仕事の速さは期待に応えたものか
○できあがった生産品は質的にみて期待に応えたものか
○機械・器具は正しく操作したか
○作業の進め方は定められた方法で行ったか
○原材料や部品を正規の手順で取扱い、保管を行ったか
○職場の整理整頓に努めていたか
○仕損じ品の発生件数（率）は期待の範囲内であったか
○安全管理面・衛生管理面では、問題はなかったか

○生産目標の達成
　⇒・A製品につき、月間生産目標▲個を達成する。
○機械点検の実行
　⇒・始業前にマニュアルに沿って指差し呼称点検を欠かさず行う。
○仕損じ品の削減
　⇒・仕損じ品の発生割合を△％削減する。（昨年度△％）
○生産スケジュール遵守
　⇒・生産管理表に沿って業務を行う。
○次工程への引継ぎの適正化
　⇒・次工程への引継ぎ連絡にあたって仕様書に署名・日時を入れて渡すこと。
○機械・器具操作の確実化
　⇒・異常音・振動があったときには、ただちに機械を止めて上司に連絡する。
○検査の質的向上
　⇒・抜き取り検査において、不良品発生率を△％以内とする。
　　　（生産基準では△％以内）
○材料管理の適正化
　⇒・週に2回（始業前と終業時）に必ず、アイテム別・数量を確認し、コンピュータデータとの違いがあった場合には資材課へ連絡する。
○整理整頓運動の実行
　⇒・工場内コンクールで入賞すること。
○衛生管理の向上
　⇒・職場の衛生改善運動に参加し、具体的な提案を行う。

販売職掌

- 担当販売は期待どおりであったか
- 重点商品の販売は期待どおりであったか
- タイミングを見計らっての顧客へのアプローチを行っていたか
- お買い上げ商品について保証期間、使用上の注意など必要な助言を行ったか
- 経験に応じて顧客へ好印象を与えることができたか
- 開店・閉店準備は適切であったか
- 陳列替え、プライスカード付けは適切であったか
- 顧客管理カードの記入・整理は適切であったか
- 陳列商品の保全・入出荷時の検品・棚卸し・アイテム別売上表の記入・諸伝票の作成・資料のファイリングなどの一連の商品管理は適切であったか
- レジスター業務・包装・配送・備品管理・売上管理表の集計などの一連の販売事務は適切であったか

- 担当目標の達成
  ⇒・担当販売目標□千円（販売件数▲件）を達成する。
- 重点商品の販売目標達成
  ⇒・担当販売目標□千円（販売件数▲件）を達成する。
- 接客件数の増加
  ⇒・顧客へのアプローチ件数を1日平均▲名を目指す。
- レジスター業務の適正化
  ⇒・繁忙時にも迅速に、内容に間違いがないようにする。
- クレーム・トラブル対応の適正化
  ⇒・クレーム・トラブルが発生したときには、自ら一次対応し、上司・関係先にすみやかに報告・連絡する。
- 顧客管理カード等のファイリング整理
  ⇒・販売実績・顧客リスト等に関するデータ資料作成、保管をマニュアルどおりに行う。
- 販売情報の収集と活用
  ⇒・専門誌やインターネットで業界情報などを収集し、2頁程度にまとめて、月1度の販売会議上で報告する。
- 販売日報の徹底
  ⇒・販売日報について、有効な情報を1頁にまとめて課内で回覧する。
- 開店・閉店準備の適正化
  ⇒・開店・閉店担当時には、規定に従って（開店15分前に全て準備を終えるなど）余裕をもって進める。
- 陳列替え・プライスカード替えの迅速化
  ⇒・一般的な陳列替え・プライスカード替えを閉店後■時間以内に完了させる。

商品管理（倉庫業務）職掌

○ 倉庫の定められた場所に正確に納品できたか

○ 期待された速さで納品できたか

○ 搬入商品の数量・形状の受入れチェックは予定どおりに行ったか

○ 出荷指示書により倉庫から品番と数量を確認して品だしから梱包・検品・発送までの一連の出荷業務について正確にかつ期待された速さで期待どおり行ったか

○ コンピュータによる在庫確認は期待どおり行ったか

○ 在庫のスペース繰りは期待どおり行ったか

○ 上司の大枠の指示に従って、商品棚卸しができたか

○ 全体の効率的な配置を考慮したうえで工場倉庫内の移動作業ができたか

○ 本社工場間の倉庫内の移動作業はできたか

○ 返品伝票の作成管理は期待どおり行ったか

○ 発送分の商品誤送、過不足、未到着の調査は規準に従って期待どおり行ったか

○ 商品の保管と整理は社内規程に沿って期待どおり行ったか

○ 運送業者への倉庫／入出荷手配は期待どおり行ったか

○ 入荷目標の達成
　⇒・Ａ商品につき、一時間あたり入荷目標▲個を達成する。

○ 出荷目標の達成
　⇒・Ａ商品につき、一時間あたり出荷目標▲個を達成する。

○ 入出荷スケジュール遵守
　⇒・入出荷予定表に沿って業務を行う。

○ 倉庫内機械・設備点検の実行
　⇒・始業前にマニュアルに沿って点検を欠かさず行う。

○ 商品誤送の削減
　⇒・商品誤送の発生割合を△％削減する。（昨年度△％）

○ 商品点数の正確化
　⇒・納品時の商品点数が誤ったことによるクレーム発生件数を△％削減する。（昨年度△％）

○ 在庫管理の適正化
　⇒・月に２回、アイテム別・数量を確認し、コンピュータデータとの違いがあった場合には○○課へ連絡する。

○ 商品棚卸時間の短縮
　⇒・担当の棚卸について昨年より■時間の短縮を目指す。（単位個数当たり）

○ 整理整頓運動の実行
　⇒・社内コンクールで入賞すること。

○ 衛生管理の向上
　⇒・職場の衛生改善運動に参加し、具体的な提案を行う。

6 多面評価

1 多面評価

多面評価は360度評価ともいわれ、職制上直属の上司による評価に対して、同僚や部下、業務に関連する他部署の社員やさらには取引先からなど、評価者はまさに多様です。

2020年の新型コロナウイルス感染症対策をきっかけとして、在宅勤務制を導入する企業が飛躍的に増えました。非正規社員等についてはまだまだこれからですが、直属の上司としての評価を補う意味も含めて、これからは避けて通れなくなってきているといえます。

2 導入の理由

多面評価制度の導入理由としては、以下が挙げられます。

①人事評価を補完するため

例えば以下の場合などです。

・上司と部下とが物理的に離れていて日常的に上司が部下の仕事ぶりを観察しにくい。
・プロジェクト方式が中心な職種で、実際の上司よりもプロジェクトリーダーと接する機会の方が多い。
・専門性の高い職種であり、上司が業務内容に関して評価することが困難である。

②顧客指向のニーズに対応するため

とくに営業職掌における顧客からの評価や、社内で顧客指向を徹底さ

せるために、業務に関連する部署の上司や同僚などからの評価を得るものです。

③評価に関する情報を広く得て人事制度の参考にするため

　人事情報の範囲を広く、情報量を多くすることがより望ましいとする最近の動向も影響してきています。

図表 4-8 得意先からの多面評価例

評価者；得意先　⇒担当者

項目	質　　問	記号
①巡回訪問やお問い合わせへの対応	・訪問時の説明は適切でしたか（理解できましたか）	イ・ロ・ハ
	・訪問する頻度については適切であると思われますか	イ・ロ・ハ
	・業務スケジュール、段取り設定については適切ですか	イ・ロ・ハ
	・お問い合わせにはすみやかに誠実に応えていますか	イ・ロ・ハ
	・製品その他の関連する情報について有益な情報をタイムリーに正確にお伝えしていますか	イ・ロ・ハ
	・お客様の要望に必ずしも沿えない場合の説明は納得がいくものでしたか	イ・ロ・ハ
	・仕事上での報告連絡相談などコミュニケーションは良いほうですか	イ・ロ・ハ
	・お客様からの要望について耳を傾けて聴く姿勢は見られますか	イ・ロ・ハ
	・自らの責任を回避しようとする姿勢は見られませんでしたか	イ・ロ・ハ
②規律・マナー	・訪問時刻については適切でしたか	イ・ロ・ハ
	・言葉づかいやマナーについては適切でしたか	イ・ロ・ハ
③責任感	・お客様との約束を守ろうとする姿勢がみられましたか	イ・ロ・ハ
④熱心さ	・お客様にとってプラスになるような提案をしていましたか	イ・ロ・ハ
	・仕事に対する前向きさは感じられましたか	イ・ロ・ハ
⑤協力心	・お客様の立場に立って協力していこうとする姿勢は感じられましたか	イ・ロ・ハ
⑥自由に記述願います	・評価して頂けるところがあったらお知らせください	
	・より改善した方がよいと思われるところがあったらお知らせください	

イ：常にそのとおり　ロ：まずまず当たっている　ハ：あまりそういうことはない

7 正社員への登用制度

　これからは非正規から正社員への登用制度が大変重要になってきます。このことは2020年最高裁判決でも明らかにされました。

　今後は転換基準を明確にして、能力とやる気のある人が自ら積極的に申し出るようにもっていくことが求められます。

　中小企業の場合、大企業ほど複雑な制度に固執することはありませんが、非正規の母集団が多い場合など、公平さ、公正さを期すためにも必要になってくると言えます。

　基準はどのようなものが適当でしょうか？　以下に挙げてみました。

1　勤続年数

　パートも含めてどのくらいの年数を経験しているかです。場合によっては他社での経験も加味することが考えられますが、3年程度を1つの目安とすることが考えられます。

2　人事評価

　いうまでもないことですが、非正規社員にも正式な評価制度を導入している企業についてになります。

　一般的には1年間の総合評価（昇給に活用）に基づくものです。

　場合によっては、Cランク以下の項目があれば原則として見送るなどの基準をあわせて設定することも考えられます。

・2年以上経験のうえで、評価がAランク以上の者
・4年以上在籍で、直近の3年間の平均が平均Bランク以上で、直近Aランクであることなど

3 | 等級基準書

2 を補完するものとして活用します。

4 | レポート提出

職種にもよりますが、意識が高い人を選抜するという意味では、効果があります。

ただし、あくまでも参考にとどめ直接的に合否を決定するものとはしません。

例題（1,200字程度）

・「正社員になってやりたいこと」
・「今後の自己目標の設定と取組み方」
・「これまで担当した仕事をより効率的に進めていくために考えること」等

5 | 役員または部長面接

より公平、公正さを期すために、直属ではない上司（いわゆる斜め評価）も含めた複数の面接を行うことも考えられます。

6 | その他

必要に応じて、適性検査、教育履修や資格取得状況なども考慮することが考えられます。

7 | 転換にあたっての審査表

昇格候補者の上司（評価者）の審査表を提出させて参考とすることは一般的にも行われています。ただし、上司と部下の関係などから恣意的な評価が行われないとは言えないことから参考にとどめるものとします。

図表　4-9　正社員登用審査表

正社員登用（転換）審査表

作成年月日　　　年　　　月　　　日

所属部署	担当	現行等級	従業員番号	本人（披対象者）氏名	一次評価者　　　　印
					二次評価者　　　　印

とくにaまたはeとした場合には、下の備考欄に理由を記述してください。

Ⅰ．担当した仕事について

本人の能力に比較して、担当した仕事の内容はどうだったか
　　a．かなり難しかったといえる
　　b．やや難しかったといえる
　　c．ふさわしかったといえる
　　d．ややさしかったといえる
　　e．かなりやさしかったといえる

一次評価者　　二次評価者

Ⅱ．業務環境について

担当業務を行っていたときの環境はどうであったか
　　a．非常に厳しかったとみることができる
　　b．やや厳しかったといえる
　　c．まずまずふさわしかったといえる
　　d．どちらかというと恵まれていたといえる
　　e．非常に恵まれていたといえる

一次評価者　　二次評価者

Ⅲ．担当職務の割当について

本人の現行等級（職位）と現在担当している仕事との対応について
　　a．在籍等級より高いレベルの仕事を現時点で多く担当している
　　b．　〃　　　より高いレベルの仕事も一部担当している
　　c．　〃　　　にほぼふさわしい仕事を担当している

一次評価者　　二次評価者

　＊c以外の場合、その理由

一次評価者	二次評価者補足

Ⅳ．知識およびスキルの到達レベル

現行等級で求める職務からみた能力（スキル）基準から判断すると、
　　a．ほぼ完全に近くできる段階に達しており、
　　　　正社員転換後の等級からみても既に5割以上達している
　　b．正社員転換した場合の等級でみても（以下同様）、
　　　　およそ7割以上は達している
　　c．6割以上は達している

一次評価者　　二次評価者

Ⅴ．登用（転換）の推薦

　　a．今すぐに自信を持って推薦できる
　　b．条件付きで転換させたい（以下の備考欄へ条件を記述のこと）
　　c．順調にいけば来年度には期待できる

一次評価者　　二次評価者

決定
○昇　格
○非昇格

Ⅵ．備考

一次評価者	二次評価者	決定

第5章
事例からみた
新しい展開

事例 1

パートタイマー（扶養範囲内での勤務を希望する近隣の主婦）のケース

〔 精密機械部品製造卸売業… F 社の例 〕

項　目	内　　容
企業概要	精密機械部品製造卸売業F社／北関東に本社（工場および物流倉庫併設） 従業員規模／全従業員120人のうちパート20名 担当職種／生産・加工・物流（倉庫業務）・事務
テ ー マ	いわゆる主婦パートの意識改革と戦力化
問 題 点	近隣に住む主婦が中心のパートで長期勤続の者も多い。 1日の勤務時間は正社員よりも1時間短くしているが、なかにはフルタイムの者もいる（時間給で"パートさん"と言われており、いわゆる疑似パートになる）。 仕事は現場作業中心で、正社員とほぼ同じ仕事を長く担当してきている。男女の賃金格差の問題も見受けられる。
改定の方向性	意識改革も含めて2、3年かけて見直していく。
基本(等級他)	パート等級制（3等級）を設けるとともに、パートリーダーを設ける。
賃　　金	賃金の決め方や水準については、正社員についてもこれまで明確ではなかったが今回新たに号俸表を導入した。パートにはこれを時間給として読み替えることとし、社員とパート双方に運用できるものとした。賞与はこれまでパートは寸志のみであったのを0.8ヵ月相当に増額した。 なお、労働契約法に基づき、入社5年を経過して無期パートを希望する者はこれまではほとんどなかったが、今後無期パートにも対応できるようにしていく。

以下の３つの事例は実際のコンサルティング経験をもとにまとめたものですが、企業が特定されないようにアレンジした箇所もありますので、その点ご了解願います（名字も全て仮名です）。

評　　価	これまで、パート等非正規社員に対しては、評価は行われていなかったが、今回新たに評価制度を導入した。
ポイントと今後の課題	今回パートリーダー制を導入することにより、リーダーを中心に意識を高めるようにした。今回の制度改定時には２人（女性）を任命した。 また子供や要介護者がいることもあって、パートタイム労働を望む者も多いが、とくに子供が義務教育を修了したパートに対してはフルタイム勤務を薦めるようにしており、今回もこれを受け入れた者が若干名現れたところである。なお、以前より正社員については残業が多かったが、働き方改革の推進により残業が減ってきたタイミングに合わせたことも背景にある。 またこれにも関連して、正社員への転換制度を今回正式な制度として導入し、さらなる賃金改善が期待できるようにした。 今回の制度改定に向けては初めてモラール調査（意識調査）を実施したが、今後ともパートなど非正規社員の本音を探るととともに毎年の定期面談を重視していく予定である。モラール調査からは賃金への関心が薄く、仕事の負担が大きくなることを避けたいと希望する者もおり、今後は短時間パート（週30時間未満の勤務）とその他一般パートとのメリハリをいっそう明確にしていきたいと考えている。

パートの人事制度の考え方

　F社では、正社員が1日8時間で週40時間の勤務に対し、パートは原則として7時間で週35時間の勤務となっている。日給月給制（一般社員の場合）の正社員とは異なって時給制となっている。

　職種としては、工場の生産・加工にかかる技能職と倉庫業務および一般事務職となっている。

　F社では以前よりパートも戦力として位置づけていくことを目指しており、パートも含めた全従業員に対する多能化も経営方針として挙げられていた。パートについても中期的にみた育成を計画的に進めていきたいと考えていたものである。

　パートの人事賃金制度改定にあたって、まずはパート独自の等級制度を設計した。正社員の等級制度が長期的視野でとらえていくものであるのに対し、パート用は中期的視野での経験年数に応じたシンプルなものとし、しかも担当職務のレベルに対応した職務職能等級制度である。等級数も実態に合わせて3等級程度に限定した。

　等級の構成としては、まだ経験が浅い層（P-1級に該当）とベテランでしかもそれに見合う職務に就いている層（P-3級に該当）とにまず区分し、次にその中間段階（P-2級）を設定した。

図表　5-1　等級の構成

等級	能力と担当職務からみた定義
P-3級	複数の業務において豊富な経験をもつ熟練パートで、かつこれにふさわしい職務に就いている者（このなかからパートリーダーが任命される）
P-2級	経験を重ね、自己の担当業務を持ってこれを独力でこなせるパート
P-1級	初心者、見習い段階のパート

図表　5-2　パート等級制度のフレームワーク

等級（呼称）	等級モデル	昇格の基準	ローテーション
P-3級〔エキスパート〕	・P-2級から最短で1年以上経過した者	・人事評価：A以上 ・役員の面接	・原則としてさらに多能工（職）としてのローテーションを行う
P-2級〔シニアパート〕	・全く未経験から最短で1年以上経過した者	・上司の推薦 ・勤怠状況（報告・連絡・相談） ・日常業務でのチェック	・関連周辺業務も経験してもらう ・本人の希望も考慮する
P-1級〔ジュニアパート〕	・全くの未経験者からスタート	・適性があると判断された者	・適性をみて配属する

等級定義書

等級（呼称）	期待される業務遂行レベル	必要な知識・技能・経験
P-3級	・業務方針や手続きについての要点のみの指示を受けて、複雑な業務を自らの経験・判断で遂行する ・日常の定型的業務については後輩への助言もできる	・担当業務についてはベテランとしてみなされる技能・経験 ・社内関連業務についての一般知識
P-2級	・上司・上級者の一般的な指示を受けて、日常定型的な業務は定められた手順に従って標準的な速度でこなす ・イレギュラーな状況が発生したときは、具体的な指示を待って処理する	・担当業務についての実務知識 ・職場の慣例やルールについての一般知識
P-1級	・上級者からの個別・細部にわたる具体的な指示を受けて、補助見習い的あるいは限られた範囲の基礎的な定型業務を処理する	・担当業務の手続き・処理方法・スケジュールについての基礎知識 ・一般的な社会通念と基礎常識

等級（呼称）	人事評価のポイント	賃金の基本的な考え方	能力開発－教育訓練
P-3級	・今後とも長期雇用を考慮するか ・リーダーシップ面ではどうか	・能力・成果をより重視する	・適性検査を実施する
P-2級	・仕事が安定的に進められ、むらがないか	・単独業務は任せられるか	・経験を考慮する ・中堅者研修 ・顧客指向（ＣＳ）教育 ・個々の日常業務からチェックする
P-1級	・基本的な能力はどうか ・協調性はどうか ・健康面ではどうか	・初任時給から設定する（未熟練者としての相場を考慮し、また最低賃金を下回らないこと）	・導入時教育 ・上級者より、現場で見習う

図表 5-3 等級基準書の例（事務職の場合）

等級	主な担当職務と求められる能力レベル
P-3級	○一連の手続き事務を担当し、間違いが少なく安定的で信頼できる ・用途品の在庫管理・受発注処理を適正に行う ・募集・採用に関する事務手続きを行う ・保険についての事務・届け出手続きを行う ・給与計算・年末調整等の一連の給与手続きをこなす ・日々の入出金に伴う手続き処理を行う ・一般的な伝票処理を広くこなす ・予算・決算に伴う基礎資料の作成、照合、確認を行う
P-2級	○日々および月次の定型的な事務手続きを自ら担当して進める ・コンピュータへの定型的な入出力を行う ・定型的な帳票類の確認、照合を行う ・月次発生する帳票類の記入、届け出事務を行う ・経費の事務処理・振り込みの手続きを行う ○電話や来客応対をそつなくこなす
P-1級	○上司・正社員や上級者のパートと共同で、または細かい指示を受けて、定められた手続きに基づいて、電話応対・来客受付・コンピュータ帳票類の基礎的な入出力・伝票起票・記帳・転記・照合や資料作成等の補助的業務を行う

図表 5-4 等級基準書の例（製造職の場合）

等級	主な担当職務と求められる能力レベル
P-3級	○一連の製造業務に関して、間違いが少なく安定的で信頼できる ・通常定型的に行われる前処理・後処理まで踏まえて作業を進める ・製品の検査基準を理解して効率的に作業を進める ・指図書を的確に読み取って、個々の仕様に沿った生産加工等の製造業務を行う ○応用力も必要な多少複雑な流れのものまでこなす ○イレギュラー（トラブル・クレーム）が発生した場合に、現場サイドでの対応を行う
P-2級	○一般的で量をこなす定型加工物を担当し、段取りなどを考えながら作業を進める ○機械・工具の操作に関する知識を得て、安全に作業を進める ○工程手順に沿って、納期順守を意識し、期待される速度で作業を進める ○一般的で定型的な検査を行う
P-1級	○上司・正社員や上級パートと共同で、または指示を受け、定められた手続きに基づいて、原材料入荷、検品、加工、出荷などの生産加工に関する補助的業務を行う

2 パートの賃金制度の設計

1 賃金の考え方

　同一労働同一賃金に向けて、パートの賃金について今後はこれまで以上に適正な賃金管理を行っていかなくてはならないことを管理職の間で共有することに重点を置き、説明会を何度も開催した。法改正についてはコンサルタント（社会保険労務士）の方からわかりやすく解説するとともに、経営トップからは能力主義を基本に置きつつ、担当職務からみた客観的な基準をあてはめていく必要があり、これまで以上に公平性と納得性が問われることになってくるということをあらためて確認した次第である。

2 手当の設計

　賃金制度の直しにあたって、まずは重要な課題となるのが諸手当であった。これを勤務時間が短いということを除けば、基本的には正社員と共通のものとするように見直した。ちなみに、同社では正社員には家族手当が設けられていたが、これも正社員と同じくした。この結果、寡婦一人のみ家族手当が新たに支給されることになった。

　精皆勤手当については、パートや契約社員にはあって正社員にはなかったが（以前はあったが基本給に整理統合した）、今回、基本給に組み込んで再設計を図ったものである。幸いなことに、勤続も長く皆がまじめで出勤率も良いのでとくに問題はなかった。

　通勤手当については、正社員が課税限度額までであったのに対し、パート社員は上限額が1万円となっていたが、これを改善して正社員と同じくした。ただし近隣に住む者が多く、徒歩や自転車での通勤が多いこと

もあって、アップとなったのは2名のみであり、コスト高にはならなかったのは幸いだった。

また、それまでパートは募集してもなかなか集まらなかったのが会社の悩みであったが、募集しやすくなったことはメリットとして挙げられよう。

また、なかに正社員にはない運転手当を支給していた男性パート社員が一人おり、規程では以下のようになっていた。

「工場の技能職の者で、会社が認めたトラックの運転手も兼務する者が当該配送業務にあたる場合には、その時間について基本時給に200円を加算する」

これは職務が限定されていたこともあるので残すこととした。

また今回、新たに月額5,000円のパートリーダー手当を設けたものである。

3 基本給の設計

賃金表は、正社員の一般職の段階号俸表と共通にしていくことを前提に考えた。ただし、パートは人によって1日、1週間の勤務時間が異なり時給制が定着しているということもあって、月給を時給に置き換えたものとして設定し、運用していくものとした。

P-1級の初号は初心者としての時給額を設定し、P-3級ではベテランとしての適切な時給水準を設定したものである。

賃金表設計にあたって、まずは地域の同規模・同業種の賃金水準を調査した。次に、パートの担当業務に近い正社員と比較して賃金水準の妥当性を確認した。これについては、職務評価（シンプル版（Jクラス）職務評価点数化例：**第2章の67頁**参照）も行ってみて合理的に説明できるかを検証してみた。

とくに正社員との仕事の内容や責任の差をどう反映すべきかが課題となった。働き方改革によりワークライフバランスの考え方が普及していくなかで、正社員とパートを相互に乗り入れ、それぞれの能力、適性、要望によって相互に転換するようにしていきたいというねらいもあった

からである。次に、個々のパートの立場からしてやる気になる賃金制度か、働いて満足できるものか、全員が満足することまでは難しいにしても不平不満には結びつかない仕組みかどうか、運用も含めて何度も検証を重ねていった。

4 　賃金表の作成

　パートの基本給は、等級別に評価査定を反映した能力給の考え方を中心に、仕事の付加価値に応じた職務給を採りいれた職能給職務とした。

　先述のように時給制も併用した段階号俸方式として設計した。

人事評価反映例：Ａ：６〜７号俸／Ｂ：５号俸／Ｃ：３〜４号俸
（Ｓ評価とＤ評価については別途考慮）

　上記の場合、例えば前年Ｐ−1級15号1,070円でＢ評価であった者は、20号俸1,090円となる。また、昇格した際の昇格昇給については、定期昇給とは別に１つ上の等級上の最も近くて前より上回る額（直近上位）に移行させるものとした。この際、昇格昇給分を特別に加算して、メリハリを大きくすることも考慮した。

　なおＰ−1級について、導入時は正社員の該当者はいないが、Ｐ−2級とＰ−3級については、社員１等級と２等級と同一の賃金表に向けて設定したものである。

図表 5-5 基本給の号俸表

クラス-級	P-1級		P-2級		P-3級	
標準昇給額	3,500		3,800		4,000	
号差額	700		760		800	
号俸	月給制	時間給制	月給制	時間給制	月給制	時間給制
0	160,000	1,000	180,000	1,130	200,000	1,250
1	160,700	1,000	180,760	1,130	200,800	1,260
2	161,400	1,010	181,520	1,130	201,600	1,260
3	162,100	1,010	182,280	1,140	202,400	1,270
4	162,800	1,020	183,040	1,140	203,200	1,270
5	163,500	1,020	183,800	1,150	204,000	1,280
6	164,200	1,030	184,560	1,150	204,800	1,280
7	164,900	1,030	185,320	1,160	205,600	1,290
8	165,600	1,040	186,080	1,160	206,400	1,290
9	166,300	1,040	186,840	1,170	207,200	1,300
10	167,000	1,040	187,600	1,170	208,000	1,300
11	167,700	1,050	188,360	1,180	208,800	1,310
12	168,400	1,050	189,120	1,180	209,600	1,310
13	169,100	1,060	189,880	1,190	210,400	1,320
14	169,800	1,060	190,640	1,190	211,200	1,320
15	170,500	1,070	191,400	1,200	212,000	1,330
16	171,200	1,070	192,160	1,200	212,800	1,330
17	171,900	1,070	192,920	1,210	213,600	1,340
18	172,600	1,080	193,680	1,210	214,400	1,340
19	173,300	1,080	194,440	1,220	215,200	1,350
20	174,000	1,090	195,200	1,220	216,000	1,350
21	174,700	1,090	195,960	1,220	216,800	1,360
22	175,400	1,100	196,720	1,230	217,600	1,360
23	176,100	1,100	197,480	1,230	218,400	1,370
24	176,800	1,110	198,240	1,240	219,200	1,370
25	177,500	1,110	199,000	1,240	220,000	1,380
26	178,200	1,110	199,760	1,250	220,800	1,380
27	178,900	1,120	200,520	1,250	221,600	1,390
28	179,600	1,120	201,280	1,260	222,400	1,390
29	180,300	1,130	202,040	1,260	223,200	1,400
30	181,000	1,130	202,800	1,270	224,000	1,400
31	181,700	1,140	203,560	1,270	224,800	1,410
32	182,400	1,140	204,320	1,280	225,600	1,410
33	183,100	1,140	205,080	1,280	226,400	1,420
34	183,800	1,150	205,840	1,290	227,200	1,420
35	184,500	1,150	206,600	1,290	228,000	1,430
36	185,200	1,160	207,360	1,300	228,800	1,430
37	185,900	1,160	208,120	1,300	229,600	1,440
38	186,600	1,170	208,880	1,310	230,400	1,440
39	187,300	1,170	209,640	1,310	231,200	1,450
40	188,000	1,180	210,400	1,320	232,000	1,450
41	188,700	1,180	211,160	1,320	232,800	1,460
42	189,400	1,180	211,920	1,320	233,600	1,460
43	190,100	1,190	212,680	1,330	234,400	1,470
44	190,800	1,190	213,440	1,330	235,200	1,470
45	191,500	1,200	214,200	1,340	236,000	1,480
46	192,200	1,200	214,960	1,340	236,800	1,480
47	192,900	1,210	215,720	1,350	237,600	1,490
48	193,600	1,210	216,480	1,350	238,400	1,490
49	194,300	1,210	217,240	1,360	239,200	1,500
50	195,000	1,220	218,000	1,360	240,000	1,500

※標準者＝B評価→5号俸；A評価→6〜7号俸；C評価→3〜4号俸昇給設定

149

3 パートの人事評価の設計

パート人事評価

　人事評価制度については、正社員には昇給や賞与時の（賃金）査定を行っていたがパートには実施していなかった。同一労働同一賃金に向けて、効果的な能力主義への転換という前提に立つのであれば、評価制度は必須であるといえる。このたび正社員の評価制度を見直すと同時に、パートについても新たに導入した。この結果、正社員の非役付き者とパート双方に活用できるように設計したものである。

　人事評価制度の導入にあたり、単に賃金査定のみならず、昇格認定やリーダーや一般職への登用などに活用するとともに、個々の能力のレベルアップを計画的に行いながら業務能率の改善に役立てるという広く評価制度の目的も考慮したのが特徴として挙げられる。

　実際の導入にあたっては、評価者のみならず評価される側への説明会を開き（被評価者導入時基礎研修）、評価制度規程を作成し、指導育成のためのフィードバックを定期的に実施していくものとした。

図表 5-6 人事評価シート

	パートタイマー用 一般職用	等級	年度　人事評価シート					
			評価期間：	年 月 日	～	年 月 日		

| 所属 | | 被評価者 | | 一次評価者 | 記入日　年　月　日 | 印 | 二次評価者 | 記入日　年　月　日 | 印 |

●成績評価

◆仕事の量	評価&素点	一次評価	二次評価
○ 評価期間内にこなした業務量は、期待する基準に対してどうであったか ○ 仕事の速さは期待どおりで、決められた時間・期限内に仕事をやり遂げたか	S 25 A 20 B 15 C 10 D 5		

◆仕事の質	評価&素点	一次評価	二次評価
○ 仕事の質的な面（出来ばえ）は、期待する基準に対してどうであったか ○ 仕事は正確で的確、緻密で信頼できるものであったか	S 25 A 20 B 15 C 10 D 5		

◆仕事の進め方	評価&素点	一次評価	二次評価
○ 定められた正しい手順で業務を進めていたか ○ 前工程や後工程のことをよく考えながら業務を進めていたか ○ スケジュールには余裕を持ち、提出期限を守り、自己の責任で仕事が遅滞し関係者に影響を及ぼすことはなかったか ○ ミスが発生しないように常に注意深く確認を怠らなかったか ○ 仕事でのミスやトラブルが発生した際には、その一次対応は適正であったか ○ 仕事の優先度を定めて、決められた時間内で済ませるよう効率的な仕事に心がけていたか	S 20 A 16 B 12 C 8 D 4		

●勤務態度

				ウエイト	評価&素点	一次評価	二次評価
勤務態度の各要素	1	顧客志向	○ 顧客（仕事の相手や次の工程の担当者）のニーズを十分にくみ取り、これに誠意をもって応えていたか	5%	S 5 A 4 B 3 C 2 D 1		
	2	規律遵守	○ ビジネスマナーを守り、挨拶・言葉づかい・身だしなみには注意を払っていたか ○ 上司や上位者の指示に従い、また就業規則や規程等を正しく守っていたか ○ 定められたスケジュールと納期について常に意識していたか	5%	S 5 A 4 B 3 C 2 D 1		
	3	整理整頓	○ 整理整頓に心がけながら、日々の仕事に取り組んでいたか 　（5S運動に沿った行動をとっていたか）	5%	S 5 A 4 B 3 C 2 D 1		
	4	責任感	○ 困難なあるいはわずらわしい仕事でも嫌がらずに進んで行ったか ※自分がうけた仕事は最後まで手をぬかず、誠実に成し遂げようとしたか	5%	S 5 A 4 B 3 C 2 D 1		
	5	協調性・チームワーク	○ 上司や上位者に対して自ら協力しようとする姿勢がみられたか ○ チーム全体の和を重視しながら行動していたか	5%	S 5 A 4 B 3 C 2 D 1		
	6	積極性・向上心	○ 担当業務について少しでも早くマスターしようとする姿勢がみられたか ○ 担当業務の能率向上を目指して励んでいたか	5%	S 5 A 4 B 3 C 2 D 1		

成績・勤務態度評価（100点満点）	点	点

[一次評価者総合所見欄]

[二次評価者総合所見欄]

151

4 有期から無期契約への転換制度

　今回の制度改定時にはいなかったものの、2013年の労働契約法の改正に基づいて、パート社員のなかで有期から無期契約への転換が発生することも十分あり得る。

　有期契約のパート社員のなかで３年経過して、P-3級に昇格し、しかもフルタイムに変更になった者のなかから会社として正社員の一般職に積極的に転換させていくこととした。これは３級になれば、できればフルタイムで勤務してもらいたいという要望も込められている。そうなれば、水準是正も含めて月給制への移行も前提に考えてのものである。

　無期転換については、労働契約法では勤続５年経過してからとなるが、これを勤続３年経過した者については対象とするように拡大したものである。これは３年経過すれば能力はもちろん、やる気やキャリア志向なども十分に見極めることができるとの判断からである。

図表 5-7 自己申告書

パートタイマー用自己申告書

提出日　　　年　　　月　　　日

氏　名		所　属			上　長	
年　齢	歳	入社後の経験年数	年　ヵ月	等級		

本人の記入欄

1. 仕事量および満足度について
   - (1) 仕事の量について　　　　□多い　　　　　□やや多い　　　□適当　□やや少ない　□少ない
   - (2) 仕事の難しさについて　　□むずかしい　　□ややむずかしい□適当　□やややさしい□かなりやさしい
   - (3) やりがいについて　　　　□おおいにある　□ある　　　　　□普通　□あまりない　□ない

   → 理由（　　　　　　　　　　　　　　　　　　　　　　　　　　　　）

2. 今の職場の環境について感じていることを聞かせてください

3. 担当している仕事について記入してください
   - (1) 担当職務に対する適性について
     - □非常に適していると思う　　　　□あまり適していないと思う
     - □適していると思う　　　　　　　□適していないと思う
   - (2) 担当する仕事を替えてほしい場合、その理由（具体的に記入してください）

   - (3) 先々やってみたい仕事など（具体的な内容とその理由）

4. その他の希望、意見または個人的な事情で伝えておきたいことを記入してください

① この自己申告書は評価とは一切関係ありません。
② 意見は取り上げられるとは限りませんが、参考のためにぜひ本音を聞かせてください。
③ この申告書は関係者以外に漏れることはないので安心して記入してください。

図表　5-8　F社の無期転換制度

パートタイマー用 無期雇用契約転換制度について【勤続3年目】

　次の各号のいずれにも該当する者を勤続3年目における無期雇用契約社員への登用の対象者とする（※勤続満5年を経過すれば全員対象となります）。

1　パートタイマーで入社し、勤続3年以上経過した者
2　社員と同じ労働時間、労働日数の勤務が継続して可能である者
3　自ら無期雇用を希望し、意欲のある者
4　健康で勤務に支障がない者
5　無断欠勤がない者
6　会社の指揮命令に従って、周囲との協調性があり、勤務態度が良好な者
7　夏冬の査定評価においてB以上の評価が連続して3回以上であった者
8　1～7には該当しないが、会社が業務上特別に必要と認めた者

　上記、無期雇用の登用対象者となった者のなかから部門長が推薦し、幹部会で討議のうえで決定する。

5 パートの森山さんへの インタビューより

コンサルタント（以下、コンサル） 森山さんは、加工担当のパートのなかでもベテランということですが……。

森山 気が付くと長くなっていました。

コンサル 当社で働いていて何を感じますか？

森山 仕事は楽しいです。職場の人間関係が一番大事でそういう意味ではいい仲間に恵まれてよかったです。

コンサル 無期転換へ変わることは考えていませんでしたか？

森山 同僚との間でもそんな話も出なかったので、よくわからなかったというのが実際のところです。でもこれから変わってくるのではないでしょうか？

コンサル 他に会社の人事制度についてはどう思いますか？

森山 良いと思うのは、休みたいときに休めることですね。同僚も本人の希望にできるだけ沿って早出、遅出を認めてくれるのがいいと言っていました。また、昨年はISOの職場委員もやりました。チームが入賞して表彰されましたよ。

コンサル 賃金面ではどうでしょうか？

森山 これまでは扶養範囲内でとの希望できましたが、来春には子供が中学を卒業するので、このタイミングでもっと働きたいとは思っています。いろいろと経験を積みたいという気持ちもあります。

コンサル 正社員にならないかと勧められているとのことですね。

森山 はい。パートリーダーを経てというのでその点は気が重いです。

コンサル 今後に向けて会社に希望することは何でしょうか？

155

森山　　　正社員は大変そうですが、給料は仕事の責任に比例しな
　　　　　いといけないと思います。そういう意味では、賃金制度が
　　　　　改定されるとのことで関心を持っています。ただ、残業は
　　　　　避けたいです。

コンサル　何か心配なことはありますか？

森山　　　自動化が進んできていますが、私たちの仕事が今後どの
　　　　　ように変わっていくのかがよくわからないことですね。

コンサル　今日は急なお願いですみませんでした。どうもありがと
　　　　　うございました。

6 住田部長の談話より、今後の課題について

①パートのタイプ区分について

　非正規であるパートのなかにも、正社員を目指す意識の高い積極的なグループと、一方では育児や介護などの負担などの個人的な理由もあって、賃金など処遇条件の向上はそれほど希望せず、また残業を避けるためにも今の仕事のままでよいとするグループの双方が存在しています。実際に本人の希望からのタイプ分けができている感じもあるのですが、これを、正社員を希望する層としての予備軍としてのフルタイムに近いパートと、週に明らかに30時間未満の層に二分化していくということについてさらに検討を進めていきたいと考えています。

②賞与制度の見直し

　これまで賞与は5万円程度のいわゆる寸志でした。法改正を受けて、原資としてぎりぎりのところを考えて、勤続1年以上の者は夏、冬それぞれの支給月数を0.8ヵ月としました（参考までに正社員の平均支給月数は1.5ヵ月）。パートは皆喜んでくれましたが、法改正を受けて今後、賞与のさらなる改善が大きな経営課題になっています。

　これからは正社員も含めて賞与制度についても抜本的な見直しを考えています。業績への貢献度に応じた成果主義型の賞与体系としていく予定ですが、そのためには、年収全体からみて基本給（基本時給）からの見直しも必要になってくることを想定しています。

③在宅勤務制の一部導入

　あと、パートについても一部ですが、在宅勤務制の導入を考えています。

　これは新型コロナウイルス対策のときに浮上してきたものです。職掌（職種）によって限界があることは事実ですが、パートだから、あるいは非正規だから認めないという説明には無理がでてきています。生産とか物流など現場業務については仕事の性格上、正社員、非正規にかかわらず出勤が余儀なくされるわけですが、事務職など自宅でも勤務可能な仕事を担当する者もおり、現業の社員でも1週間に1日を在宅と認めたという経緯もあって、これを先々はパートにも一部導入したいと思っています。定期的な業務の振り返りや研鑽を積む日として導入できないか考えています。なかには優秀なパートもいて、家庭の事情で今すぐにはフルタイムとしての正社員的な働き方は無理であっても数年先には可能な者もおり、在宅勤務の導入は当人にとってもそれだけ意識が高くなることが期待でき、定着率の向上に役立てたいと考えています。

④評価の実施からの新たな展開

　評価制度の導入に伴って、年に2回の面接制度を設けました。長い目で見た要望などを聞くようにしています。また、意識が高く優秀なパートには、正社員への転換を積極的に持ち掛けたいと思っています。そのためにも現場の上長に対して理解を求め、メリハリの効いた表彰制度とあわせて昇格推薦制度も導入しました。

定年後再雇用制度（シニア制度）のケース

〔 ＩＴ業界Ｈ社の例 〕

項　目	内　　容
企業概要	機械製品のソフト設計と技術開発Ｈ社　本社／中部地方 従業員規模／約140人（うち再雇用者30名） 職種／システムエンジニア　他
テ　ー　マ	70歳雇用をも見据えた定年後再雇用者の人事賃金制度の再構築（脱身分化）
問　題　点	人員構成上20代から30代の若い社員が少なく、専門技術者が不足してきており、シニア層の有効活用が避けられない状況となっていた。しかしながら、これまでの制度は、定年時点の役職によって再雇用後の賃金処遇が決定される仕組みとなっており、硬直的であった。健康でできる限り長く働きたいという者もいる一方で、定年後はほぼ一律に４割程度の減と大きくダウンすることもあり、やる気をなくしてＨ社での再雇用を希望しない者もいた。
改定の方向性	労働時間や休暇など個々の要望を踏まえて選択肢をできるだけ多く持ち、柔軟に対応できるようにするとともに、賃金では役割給（職務給）の考え方を明確に打ち出した。これとともに50歳からのモデル賃金カーブについても引き直した。 定年前の処遇に縛られることなく、また将来の定年延長のみならず定年制そのものが廃止となっても耐えられる、すなわち年齢を超えて一貫した制度を目指したものである。 経営トップの強い意志のもと、"中長期的には将来の事業構想を念頭に大胆に、短期的には足元をみてより細心に"

	をスローガンに掲げて、改革に取り組んだ。定年後再雇用者の同一労働同一賃金については、「その他の事情」も考慮されることもあって、H社独自に見直しを進めていった。
基本人事制度	役割基準をベースにした、シニア役割等級制度
賃　　金	定年後再雇用者というしがらみのない立場という特徴を活かし、月例賃金については"役割給"一本とした。年俸制に近い年収管理制と位置づけるとともに年に2回の賞与で月例賃金の調整的機能を持たせるようにし、これまで以上にメリハリがつくものとした。また、将来的には定年前のものとは別個の退職金制度も考えている。分離課税のメリットを活かして、社員の退職金制度の見直しに合わせて貢献度を反映できる成果主義型のものとしたい意向である。
評　　価	これまで正式な評価制度がなかったシニア社員についても新たに評価制度の導入を図るとともに、正社員に実施している目標管理制度をシニア社員にも取り入れ、課題達成度を重視し成果主義の考え方をよりストレートに反映できるものとした。
ポイントと今後の課題	定年前の正社員の人事賃金制度の再構築も進めているが、なかなか思うように進まずに、まだ期間を要することもあって、一足先に定年後再雇用者の方に仕事基準の役割給を導入した。そのための基本運用基準としての役割基準書については部門・職種ごとに、煮詰めていったことが特徴として挙げられる。 　また定年後ということもあり、会社が期待する人材には魅力的でより長く働ける制度とし、これを目指して若い人も付いてくる仕組みづくりを心がけた。当初の思惑より制度が少し複雑になったという感はあるが、運用を重ねていくうえで見直しを重ねていくことも考えている。

シニアの人事制度の考え方

　H社では、定年後の賃金は、定年時に管理職か非管理職であったか、また何等級に所属していたかによって決まる身分的で硬直的なもので、実際に担当する職務と賃金が対応していなかったことが大きな問題となっていた。これを定年時の役職にかかわらない制度へと見直したものである。

　また、改定前の状況では、定年後再雇用者については、もっぱら実務作業を中心に指導的な役割が小さく、必ずしもこれまでの経験を活かした業務を担当していないことが問題となっていた。また定年後には賃金が大きく下がり、モラールダウンを招くとともに周囲もいわば「上がった人」とみていた。社員の平均年齢も年々上がってきており、人員構成上大きな問題になってきていた。これからの70歳雇用時代を見据え、全社一丸になってこれまでの技量経験を十二分に発揮して、やる気がでる人事賃金体系へと見直しを図ったものである。

　階層ともいえるコースについては、ジェネラルコース、スーパーバイザーコース、マネジャーコースの3区分を設定した。ジェネラルコースは実務中心でさらに2区分、スーパーバイザーコースは指導・監督および企画的業務が中心で3区分、マネジャーコースは部下を持ち組織管理責任のあるライン管理職を中心とする3区分の構成になる。これまでとは異なってより緊張感をもって勤務に臨んで欲しいという願いもあり、新たな呼称としたものである。

　改定導入時点の対象年齢は65歳までだが、改正高年齢者雇用安定法を踏まえさらに70歳まで、場合によっては年齢を問わないエイジレスにも対応できることを考慮して設計した。

　年齢にかかわらず期待に応えて貢献できる人には、やる気が出て、やれば報われる仕組みとした。

　また、契約期間は1年間として、原則として65歳までは更新するものとした。

図表 5-9 シニア役割等級基準書（H社）

項目／等級	G1級	G2級	S1級	S2級	
基本となる業務	○複数の種類の作業を担当し、標準的な作業量を完遂することが期待される。ときには例外的な業務を担当することもある	○同時に複数の種類にまたがる業務を担当して、プロジェクトリーダーを補佐する。標準よりも多い作業量をこなすことが期待される。例外的な業務に従事することもある	○プロジェクトリーダーを補佐して業績目標の達成に貢献する	○プロジェクトを遂行し、その結果としての業績責任を負う	
担当職務例	○担当分野についてのシステム設計を行う ○システム化対象分野の業務改善案の提案を行う ○新規作成および改良済みのプログラムについてテストデータを作成し、実行結果を検証する ○運用上の留意点を記述した運用手順書の原案を作成する	○システム化対象分野の業務の特性やポイントを把握したうえで、担当分野について独自でシステム設計を行う ○システム化対象分野の業務改善案の提案を行う ○新規作成プログラムについてテストデータを作成し、実行結果を検証する ○運用上の留意点を記述した運用手順書案を作成する ○改良による効果について予測を行う ○改良の対策となる手順およびプログラム案についてとりまとめ、改良を行う	○単位分野について独自でシステム設計を行う ○システム化対象分野の業務の特性やポイントを把握できる ○システム化対象分野の業務改善案の提案を行う ○関係先に対して運用指導およびトラブル発生時には適切な復旧作業を行う	○ときに複数分野において、対象業務の特性を踏まえたシステムの基本設計および詳細設計を行い、かつシステム間の連係を図る ○上長の指示に基づき、運用マニュアルを作成する ○開発したシステムが正しく運用されているか確認を行う ○誤った運用をしている場合に、問題点および改善案を上司および関連部署へ報告のうえ、改善を図る ○ハード、ソフトの障害が発生した場合は、関連部署と連携してシステムの復旧を行う ○システム状況を総合的に把握し、過不足が発生する場合には対応策を提案し、実行する	

S3級	MⅠ級	MⅡ級	MⅢ級
○主にプロジェクトリーダーとして担当し、その結果としての業績責任を負う	○課長並みの業績貢献が求められるとともに小組織の管理業務を円滑に実行する責任を負う	○次長並みの業績貢献が求められる。部門の方針を策定して中組織の統括責任者としての役割を担う	○部長並みの業績貢献が求められる。部門の方針を策定して大組織の統括責任者としての役割を担う
○複数分野において、対象業務の特性を踏まえたシステムの基本設計および詳細設計を行い、かつシステム間の円滑な連係を図る ○運用マニュアルを独自で作成する ○ハード、ソフトの障害が発生した場合は、関連部署と連携してシステムの復旧を自ら早急に行う ○システム状況を総合的に把握し、対応策を自ら提案し、すみやかに実行する ○プロジェクトメンバーに対して、単位システム設計およびプログラム仕様書作成に関する技術指導を行う ○プロジェクトメンバーに指示した単位分野のシステム開発について、メンバーが期限までに終了させるよう指導を行う	個別の職務記述書に基づく （課長並み／年間予算△△△百万円）	個別の職務記述書に基づく （次長並み／年間予算△△△百万円）	個別の職務記述書に基づく （部長並み／年間予算△△△百万円）

（次頁へつづく）

項目 等級	G1級	G2級	S1級	S2級	
職務上必要な能力および経験	○実務を担当する正社員と同じ実力が要求される役割を担う。割り当てられた仕事を標準的な速度で遂行する	○実務を担当する正社員と同じ実力が要求され、職務の一部が主任の役割に及ぶことがある。複数の作業を迅速に処理するための能力と経験が求められる。新たな分野に対応できるように研修等に参画して取得した資格を活かし、自身で新しい技術を習得して職務を遂行する	○正社員の主任レベルの実力が要求される役割を担う	○正社員の係長レベルの実力が要求される役割を担う	
指示の対象者	○業務経験のほとんどない社員に指示を与える程度	○業務経験の浅い社員に指示、助言を与える程度	○単独で業務を遂行するが、プロジェクトのサブリーダーとして2、3名程度に指示を与える	○単独で業務を遂行することもあるが、4、5名程度のプロジェクトを率いることが期待される	
新規性・創造性	○新規性や創造性が求められる業務は必ずしも前提としていない	○ときに新規性や創造性が求められる業務を担うことがあり、工夫が求められる	○ときに新規性や創造性が求められる業務を担うことがあり、工夫と個性の発揮が求められる	○これまでの経験の延長での業務を多く担当するが、ときに経験のない分野の業務を担う機会もあり、その際には独自性や創造性の発揮が求められる	
人材としての代替性	○同程度の業務を担う人材を社内から異動などで登用することは十分可能である	○同程度の業務を担う人材を採用することはそれほど困難なものではない	○同程度の業務を担う人材は少なからず存在する	○同程度の業務を担う別の人材は存在するが、少数である	

	S 3 級	M I 級	M II 級	M III 級
	○正社員の係長レベル の実力が要求される 役割を担うとともに 一部は課長の役割に まで及ぶ	○正社員の課長級の実 力が要求される管理 職業務を担う	○正社員の次長級の実 力が要求される管理 職業務を担う	○正社員の部長級の実 力が要求される管理 職業務を担う
	○単独で業務を遂行す ることもあるが、5、 6 名程度のプロジェ クトを率いることが 期待される	○課（セクション）な ど小組織のライン長 の役割を担う	○ 10 〜 20 名程度の 中組織のライン長の 役割を担う	○ 20 名以上の大組織 のライン長の役割を 担う
	○これまでの経験を超 えた分野も担当し、 独自性、創造性や総 合的な企画力を必要 とする業務を担当す ることも少なくない	○ときに課長級として の専門性、独自性や 企画力が求められる	○次長級の専門性、独 自性や企画力が求め られ、業務改善の施 策を自ら立案すると ともにその実行責任 を負う	○業界でも一目置かれ るくらいの高度な専 門業務を担当し、会 社を代表するユニー クな専門性、独自性、 企画力が求められ、 会社経営全体に関わ る改革を立案し運営 責任を担う
	○同程度の業務を担う 他の人材の存在はあ まり期待できず、確 保することに困難が 予想される	○ライン管理職；とし ての豊富な経験が求 められる人材である ○専門職；関連資格や スキルが求められ、 当社の技術をけん引 する人材である	○ライン管理職；ライ ン部長級としての経 験からの即戦力が期 待される ○高度専門職；高度資 格やスキルが求め られるために余人を もって代えがたい当 社の技術レベルを代 表する人材である	○ライン管理職；大組 織のライン部長級ま たは中小企業の役員 としての豊富な経験 からの即戦力が期待 される ○特別専門職；きわめ て特殊な資格（技術 士など）、スキルが求 められるために余人 をもって代えがたい まさに業界全体の技 術者としての貴重な 人材である

（次頁へつづく）

項目 等級	G1級	G2級	S1級	S2級	
精神的・肉体的負担の度合い	○日常の定型的な担当実務を担ううえでの負担感がある	○実務を担ううえでの課題解決や納期対応などにおいて一般的に予想されうる負担感がある	○応用的な実務を担ううえでの課題解決や納期対応などにおける負担感がある	○指導職ならではの対人関係などによる緊張感や疲労感がある	
対人関係・対外交渉	○顧客や業者に対して当社の意図を伝え、説明するための基本的なコミュニケーション能力が求められる	○顧客や業者に対して当社の意図をすみやかに正確に伝え、説明するためのコミュニケーション能力が求められる	○対外的な交渉にあたるとともにプロジェクト内の意思疎通を円滑に行うことが求められる	○プロジェクトを遂行するうえで必要な折衝、調整を業者と行う交渉力が求められるとともに、プロジェクト内でのコミュニケーションの中心となる役を担う	
指導育成	－（該当なし）	○後進に対し必要に応じた助言、指導が期待される	○指導職として日常的な業務指導が期待される	○指導職として年間のOGT計画に基づいての業務指導が期待される	
裁量度	○職務遂行上の必要があるときには、遅滞なく上長に報告、連絡、相談する	○日常の実務については任されているが、判断が必要なときには遅滞なく上長に報告のうえ、判断を仰ぐことが求められる	○指導職として日常業務についてはある程度裁量が委ねられている。他への影響があるときには上長に報告のうえ、判断を仰ぐことが求められる	○指導職として定例的な年度業務については裁量が委ねられている。影響が大きいときには上長に報告のうえ、包括的な判断を仰ぐことが求められる	
クレーム・トラブル対応	○一般的に予想しうるクレーム・トラブルに上司の指示を仰ぎながら一次対応を行う	○一般的なクレーム・トラブルに自ら初期対応を行う	○一般的なクレーム・トラブルに自ら対応を行い、今後の未然防止についてその立場から検討を行う	○担当職務全般に関わるクレーム・トラブルについて自らが対応し、改善防止策についても企画立案する	
信頼度	○日々の担当業務を誠実に遂行することで信頼度を高めることが期待される	○年間業務を計画的かつ誠実に遂行することで信頼度を高めることが期待される	○指導職として社内で信頼を得ており、担当業務を円滑に遂行することによりいっそう高めていくことが期待される	○指導職として、社内は言うまでもなく顧客や取引先からも信頼を得て担当業務を円滑に遂行する	

S3級	MⅠ級	MⅡ級	MⅢ級
○指導職として、クレームやトラブルなどのイレギュラーな状況の変化に対応するための緊張感や疲労感がある	○小組織の管理職として、組織で発生するクレームやトラブルなどのイレギュラーな状況の変化に対応するための緊張感や疲労感がある	○中組織の管理者として対外交渉、部門全体に関わるクレーム、トラブルへの対応をはじめ、組織マネジメントおよびときに役員や部長を代行するための負担感がある	○大組織の管理者として対外交渉、会社経営全体に関わるクレーム、トラブルへの対応をはじめ、組織マネジメントのための負担は恒常的で、かなり大きい
○プロジェクトを遂行するうえで必要な折衝、調整を業者と単独で行うための交渉力が求められるとともに、プロジェクト内でのコミュニケーションの維持、向上まで求められる	○顧客、監督官庁と良好な関係を保ち、交渉や調整の任にあたる。社内ではコミュニケーションを円滑にして組織の活力を高めることまで期待される	○これまでの経験からの社内外の人脈を生かし、部門を代表して高度な交渉を担う。会社経営において広く部門内での調整を通じて組織活性化が期待される	○これまでの豊富な経験からの外部人脈を生かし、会社を代表して高度な交渉を担う。会社経営において部門を超えての調整を通じて活性化からの業績向上を期待される
○これまでの豊富な経験を広く活かせる指導役として後進の指導育成にあたる	○管理職の立場から、指導を重ね、長期的視野での育成にあたる	○部下の業務指導はもとより、スキルアップやキャリア形成の任にあたる	○会社全体の観点から、専門職、管理職、管理職候補に対する長期的視野での育成とキャリアアップの任にあたる
○決裁基準に規定されていないところで、職務遂行上必要な事項については遅滞なく判断を行う	○管理職の課長級として組織運営に必要な事項を起案し、決裁基準に則って判断し、意思決定を求める。決裁基準に規定されていないことは実務遂行上遅滞なく判断を行う	○組織運営に必要な事項を起案し、決裁基準に則って自ら意思決定を行う。決裁基準に規定されていないことは担当業務の範囲で遅滞なく的確に判断を行う	○経営職として会社運営に必要な事項を起案するとともに、すみやかにかつ的確に意思決定を行う
○予想されないきわめてまれなクレーム・トラブルについても自ら中心となって対応し、改善防止策を企画立案する	○課などに影響を及ぼすクレーム・トラブルに自ら対応し、改善防止策を企画立案し、実行する責任を負う	○部門全体に影響を及ぼす重大なクレーム・トラブルに自ら対応し、改善防止策をまとめ実行する責任を負う	○全社的に影響を及ぼす重大なクレーム・トラブルに自ら対応し、改善防止策をまとめ実行する責任を負う
○指導職として、社内、顧客および取引先からの厚い信頼のもとに、担当業務を円滑に遂行する。業績向上に貢献する	○管理職として社内外の信頼の向上からチームのモチベーション向上に役立てる	○管理職として対外的な信頼の向上から組織の業績向上に貢献する	○経営職として社内外の厚い信頼をもとに企業経営に役立て業績向上に結び付ける

2　労働時間

　柔軟な働き方をモットーに、ジェネラルコースについては週4日勤務、または1日1時間短い7時間勤務を認めることとした。

　スーパーバイザーコースは、本来フルタイムを前提としているが、事由によっては個別にジェネラルコースと同様に認めるものとなっている。

　また労働時間については、導入後に本人の要望なども聞いてさらに選択肢を増やす方向で見直すことも考えている。

3　賃金制度の設計

1　賃金の考え方

　定年までの正社員は年功的な要素の残る職能給を中心とする賃金制度となっているが、シニアについては一足先に担当職務の大きさと責任の度合いに応じた役割給一本としていく考えである。その理由として、シニアについては意欲も能力も個人差が大きいので、同一労働同一賃金の観点からもより大胆に反映できる制度が実現可能とみていることによる。

　また、これまでは定年直前の水準から4割程度ダウンと大きなものであったために、今回の総合的な見直しの結果、下がる社員があまりいなかったことが幸いだった。なお、移行期間についてはシニア調整給を設けて混乱が起きないように配慮した。これにより、移行時はこれまでの

シニア制度より下がる者は１人もいないことになる。

　また、マネジャーコースにおけるライン管理職については、人数も限られていることもあって職責に応じて正社員とそん色のない水準としたためにこれまでよりも大幅なアップになる。ただし、管理職任命期間を１年として（一定の条件のもとに更新あり）身分として継続するものではないことを明確にした。

2 ｜ シニア基本給（役割給）の運用

　基本給はシンプルに役割給一本としたが、これについても柔軟に対応することを念頭に、毎年の総合評価によって以下のとおりアップダウンさせるものとした。

図表 5-10 シニア基本給の運用

前年総合評価	S	A	B	C	D
査定反映	+10,000	+5,000	+－0	0 ～－3,000	－3,000 ～－10,000

〔単位：円〕

シニアの人事評価の設計

　これまで再雇用社員に対してはとくに評価は行われてこなかったが、新たに制度として導入することとし、１年間の総合評価の結果をみて、コース、シニア基本給（役割給）の変更および賞与に反映させていくものとした。

木田部長の談話より、今後に向けて

　定年前の正社員の人事賃金制度改定は、労働組合への説明と理解をどうするかを含めて難しい課題ですが、シニアについては生活給という見方から脱却できるとなれば、むしろ正社員よりも先にスムーズに成果主義改革を進めることができると感じています。

　一番の課題が、定年時の前の正社員時代との違いを明らかにして本人に納得してもらうことでした。シニアとなると、なかには健康不安を抱える者も出てきたりして、家庭の事情や賃金についての要求も個々によって異なるものです。これらのシニアならではの特性を十二分に活かすように、一般の技能職業務、事務職業務、後輩への技術伝承やチームのとりまとめ業務、さらには管理職業務まで、賃金処遇体系を始めとしてまずは仕事を中心に整理してみました。当然ながら、このことに意識が伴うように説明、面談や教育などを並行して行っていくことが欠かせません。

　高年齢者雇用安定法の改正により、70歳までの雇用が2021年度から努力義務として課せられますが、仮に70歳定年制が早まったとしても十分対応できるものと考えています。このたびの見直しにあたって年齢ではなく個別に対応できる人事制度を念頭に置きました。50歳、60歳時と比べて、その後賃金が上がる人はきわめて少ないかもしれませんが、維持できる人、下がる場合であっても納得ができるように、選択肢を用意したうえでの合理的な仕組みが必要であると思います。賃金については、扶養家族もないか少ないので、生活給としての見方が薄くなることのメリットにも注目してよいのではないかと思います。

　当社のエンジニアのなかには、傑出したベテランの技術者もおり、今後は、高度専門職を意図しての正社員と再雇用者を超えた「専門職年俸制」の導入も考えています。ただし、職種の特性から、時代とニーズの変化に伴う能力・スキルの陳腐化も含めて対応していかなければなりません。

　また、成果主義型賃金を進めるうえでは、ポイント制などの成果型の退職金制度も導入する効果が期待できそうなので検討を進めていきます。

　今回、新型コロナウイルス対策の一環として全社的に在宅勤務制の導入を与儀なくされましたが、この経験からするとシニアの方がスムーズに導入できるのではないかと考えています。

　その理由として、夫婦二人暮らしも多く、自宅のスペースからみても比較的余裕があること、長年の付き合いで能力や人柄、職務適性などもよくわかっていることなどが挙げられるかと思います。

　在宅勤務を中心として、今後はサテライトオフィス、ワーケーションなどについても視野に入れていきたいと考えています。

コンサルタントより一言

　2021年4月より施行される改正高年齢者雇用安定法では、70歳までの雇用を中心とした就業機会の確保が「努力義務」になります。

　罰則などの強制力はないものの、実施計画作成の勧告を始めとして行政からの監督や指導が強化されることが想定されます。またこれを機に定年を65歳まで引き上げるとともに70歳までの継続雇用へと見直す企業が増加していくことが考えられます。なかには、65歳を超えてからは対象者と業務委託契約を新たに結ぶ企業も現れてくることも考えられます。これは、企業が労働時間管理や社会保険適用から回避するねらいもあってのことです。

　さらにこれまでの高年齢者雇用継続給付制度の縮小や年金制度に関連しての改定も見込まれます。

　シニア社員に対して、"同一労働同一賃金"からの賃金処遇面の見直しが避けられないといえますが、これに関連して以下の制度や施策を見直す必要がでてきます。

・退職金制度に関連しての見直し
・健康・安全措置の再検討
・高年齢者および予備軍を対象とした計画的な教育研修の実施
・就業規則および人事、賃金、職制・職務権限等の関連規程の見直し
・対象者および予備軍に対する定期面接制度の必要性

　同法の改正を受けて、人手不足問題を恒常的に抱える業界などではシニア雇用がいっそう増えていくことが予想されます。

　新卒・若年層採用にも影響が及ぶなか、企業ごとの対応の違いが大きくなり、このことが新たな競争力の違いにもなってきます。すなわち、まずはシニアの中から、また新たなシニア制度をきっかけとして、能力主義・成果主義がいっそう進むことになるというわけです。

専門契約社員のケース

〔 技術サービス業…Ｋ社の例 〕

項　目	内　　容
企業概要	技術サービス業Ｋ社　本社／首都圏 従業員規模／約100名のうち契約社員40名 職種／工業デザイナー、製作プロデュース、技術コンサルティングなど専門技能集団
テ　ー　マ	専門契約社員の統一した制度化、管理職登用
問題点	正社員については、これまでの人事賃金制度が年功的で形骸化してきている。元来昇格・昇進意欲が弱く、ライン管理職の候補がいないという状況にあった。 業務の特性からして正社員ではない専門の契約社員（元派遣社員を含む）も多いが、以前から部門別採用が行われてきたこともあり、全社統一された制度のもとではなく賃金や賞与なども個々に決められてきた経緯から、ばらばらになっている。 また、全員が専門職という自負もあり、一部の特殊業務には相当の専門性が要求され、業界でも引き抜きに合うくらいの高度なレベルの者がいる一方で、ＩＴ技術の進化によってそれほど高度とはいえない業務を中心に担う者も少なからず存在する。正社員への転換を希望しない者が多い。 安定して高い賃金ということもあって、組織が活性化していない状況も問題となっている。

改定の方向性	正社員と非正規社員双方にかかる統一した人事賃金制度を目指し、共通の職務（役割）評価のもとに役割給を共通の基準として反映していくこととしている。導入当初は職能給に相当する本給を残すが、徐々にもう一方の役割給のウエイトを高くしていくことを考えている。このために、正社員のみならず非正規社員が担当する業務も含めて課業調査を実施した。
基本（等級他）	職能等級と役割等級のマトリクス方式
賃　　金	上記等級制度に連動して、基本給を職能等級に基づく職能給とし、役割等級に基づく役割給の二本立てとする。これまでの昇給額を中心とした管理方式から、基準に則った絶対額管理方式への見直しを図っていきたい。
評　　価	正社員については、人事評価に目標管理（MBO）との連動を図るが、非正規社員には当面は連動させないことによっての違いを明らかにする。
ポイントと今後の課題	職能等級と役割等級（役割レベル）の区分のあり方が理論的にはわかっていても実際には難しい。中期的視野での3段階に分けたステップアップ方式での再構築を計画している。最終段階では、正社員と契約社員も同じ賃金制度とする予定である。

専門契約社員の
人事制度の考え方

　K社では、"ヒト"基準の「職能等級」と、仕事基準の「役割等級」の並列型を考えており、正社員（非管理職）の見直しと同時に非正規についてもこれに合わせて見直していくこととした。

　職能等級は年数をかけて昇格していく性格と位置づけるとともに能力と経験による差；実力の差が表れるものとした。一方の役割等級はその時々の担当職務からみた責任の重さ、仕事の範囲、組織への影響の大きさを反映して決定するものとした。これによって職能等級は、長期的にみた安定的な運用を、役割等級は変動的な運用を重視するものとなる。

　なお、専門契約社員（非正規）の契約期間は1年契約が中心となっているが、専門性の高い者のなかには以前からの慣例で3年契約となっている者もいる。なかには、派遣から直接雇用に転換となって契約社員になった者や、業務請負契約から契約社員になった者もいる。このような背景から、概して一匹オオカミ的な職人意識の強い者が多い。

図表 5-11 K社の人事フレームワーク

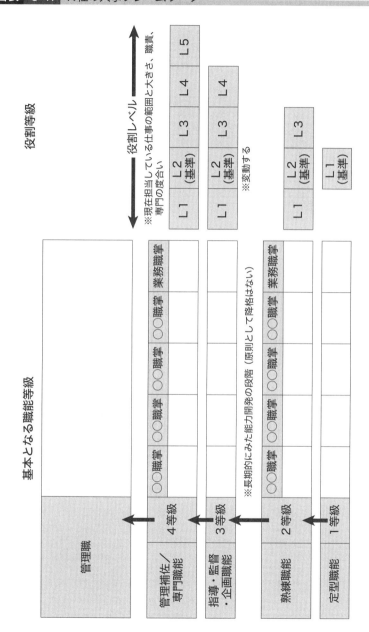

図表　5-12 職能等級および役割レベル基準

職能等級の定義（基本能力要件）		L1	
職能 4等級	◎担当する分野内（チーム）でのリーダーの役割を認識し、部長・課長などからの包括的な指示を受けて、年度実施目標の設定から関わり、目標達成に向けて率先して業務を進めることができる。 ◎定められた複雑でやや専門的な職務を一定範囲で任されて遂行することができる。 ◎取引先あるいは社内他部署と複雑に関わり合う非定型的な業務に対応することができる。 ◎担当業務に関する計画・分析・改善案の企画検討を自ら行うことができる。 ◎ベテランとして割り当てられた量および質双方の面から経験を要する専門業務を担当し、目標の達成に向けて、堅実に遂行することができる。	担当している業務からみれば、職能3等級相当の職務が中心となっている。	

		L1	
職能 3等級	◎基本的な方向性と包括的な目標が与えられれば、能力と経験により、自ら計画を具体化し、かつ期単位にみて安定的な成果をあげることができる。 ◎取引先あるいは関連部署と関わる非定型的業務を処理することができる。 ◎チームの方針を受け担当職務を一定の範囲で任されて遂行することができる。 ◎年間業務・企画業務を主に担当し、計画・チェック・修正しながら独力で処理することができる。 ◎業務プロセスや作業方法などの改善改良を試み、能率の向上、生産性の向上に貢献することができる。 ◎小グループの長として下級者の現場指導、教育を行いつつ、担当業務についてチーム全体からみても円滑に遂行することができる。	担当している業務からみれば、職能2等級に該当する職務が中心となっている。	

		L1	
職能 2等級	◎担当する仕事の目的と基本について理解し、包括的な指示・命令のもとに、担当の定型的な業務においては自らがスケジューリングし、実行し、修正しつつ、能力の一層の開発に向けて、自ら励むことができる。 ◎日常の業務で発生するクレームや、トラブルが発生した場合でも関係部署・関係者に報告、連絡、相談をすみやかに行い、確認するなどの一次的な対応を行うことができる。 ◎担当の日常定型業務については限られた範囲内ではあるが、新人へのアドバイスも行うことができる。	補助、見習い的な職務が中心であり、担当業務がまだ特定されてはいない。	

職能 1等級	◎上司・上級者の具体的な指示を受けて、日常の定型的業務については一定の基準・手続きによりスケジュールに沿って処理を行い、非定型的な判断を要するものは上司・上級者の指示を待って業務を進めることができる。 ◎クレームやトラブルに関する電話を受けたときは、定められた手順に沿って上司や関係者にすみやかに報告・連絡を行うことができる。

実際に担当する仕事からみた役割レベル〔工業デザイナー〕			
L2（基準）	L3	L4	L5
職能4等級に相応する職務を中心に担当している。 デザイン業務の担当者として、「新規デザイン」と「開発」を求められる業務において中核的な立場で業務を牽引し、収支や品質面で部の目標を達成する職責を担っている。 高い技術レベルが求められる制作・開発・提案・進行管理など、専門的な職務を担当している。 現場のリソース管理や、部員の業務能力向上に向けた取り組みなど、部内間接部門にあたる職務において指導的役割を担っている。	職能4等級に相応する職務を主として担当しつつ、一部はときにこれを上回る高度な職務も担っている。 デザイン業務の担当者として、大型プロジェクト業務や新規開拓業務、新規開発が求められる業務など、L2を超える難易度の高い案件に対し、収支や品質面で部の目標を達成する職責を含む中核的な立場で業務を牽引し、計画・交渉・開発・提案・手配・管理など、業務フローの大部分を担っている。 管理職から指示を受け、管理職が行う業務の一部を担っている。	職能4等級を上回る職務を主として担当している。 L3の職務に加え、一部マネジメント業務または専門職的な業務を担っている。 K社を代表するデザイナーとして、L3を超える難易度の業務に参加し、経営方針を業務に反映させる職責を含む統括者として、計画・交渉・開発・提案・手配・管理など、業務フローに至る全工程を担当している。 L3の職務を超え、管理職とほぼ同等の職務を担い、部内間接業務の一部と管理職の代行として担当している。	特殊な状況や特異な能力、特別な知見を必要とする職務を担っている。 L4の職務を超え、稀に起こる特殊な状況や特異な能力、特別な知見を必要とする職務を担っている。
※添付資料／記述の課業を中心に担当している。	例示の課業相互の関係に配慮しつつ、総合的にかつ安定的にこなしている。		

L2（基準）	L3	L4
職能3等級に相応する職務を中心に担当している。 デザイン業務の担当者として、デザインコンセプトや制作工程、流用できる素材等が定まっている初級的な業務において、中核的な立場を担っている。	職能3等級を上回る職務も一部担当している。 L2に加え、デザイン業務の担当者として、単独または少人数で作業が完結する規模の業務において、部の目標を達成する職責を含めた中核的な立場で関わり、推進・計画・開発・提案・手配・進行管理など業務フローの大部分を担っている。	既にチームリーダーに相応する職務を主として担当している L3に加え、チームリーダー登用候補者として、上位等級に該当する職務を既に担当している。 デザイン業務の担当者として効率的な業務推進を行い、複数案件を同時進行させ、部の運営に大きく貢献する職責を担っている。あるいは、クライアントからの指名を受けた業務を多く担当し、ブランド力向上や収益向上に貢献する職責を担っている。 K社のデザイン専門職として、既に職能4等級に相応する責任ある立場の業務を担当している。
※添付資料／記述の課業を中心に担当している。		

L2（基準）	L3
職能2等級に相応する職務を主に担当している。 ワークフローを理解し、上級者からの指示を受けて、制作・進行・開発・資料収集・事務作業など、部内の補助的な業務を単独で担当している。	または職能2等級を上回る職務を主に担当している。 L2に加え、職能3等級昇格候補者として、3等級に該当する職務を担当している。 デザイン制作・演出開発・システム開発・提案・管理・業務フロー改善など、専門性の高い能力をもって既に職能3等級に相応する職務を担当している。
※添付資料／記述の課業を中心に担当している。	

> ※各役割レベルに職務（役割）評価ポイントを参考として対応させる（本書**第2章**を参照されたい）

L1（基準）
補助、見習い的な職務が中心であり、担当業務がまだ特定されてはいない。

2 専門契約社員の賃金制度の設計

1 賃金の考え方

　これら採用の経緯が異なることもあって、個別にみると、賃金および賞与の決め方を始め年収水準もばらばらであった。これは派遣から登用された者も含めて、実質的に部門長が賃金を始めとして契約内容を決めており、その時の需給関係や本人の希望などを採りいれて決めていたからであると言える。これを整備したうえで統一化を図ることが以前からの命題になっていた。

　したがって、このたび一部の契約社員については月齢給と賞与の配分の割合についての見直しを余儀なくされることとなった。

2 手当

　通勤手当を除いて手当がないシンプルなものであったので、この点は再構築しやすかったといえる。

3 基本給の設計

　職能等級に基づく職能給と役職レベルに基づく役割給の二本建てとして設計した。それぞれのウエイトは、実態に応じて何度も検討を重ねて決定した次第である。

4 賃金表の作成

以下のとおり。

図表 5-13 賃金表

職能等級		基本給 (職能給)	役割レベル／役割給				
			L1	L2 (基準)	L3	L4	L5
管理補佐職能	4等級	～ 万円	10万円	11万円	12万円	13万円	14万円
指導・監督 ・企画職能	3等級	～ 万円	7万円	8万円	9万円	10万円	
熟練職能	2等級	～ 万円	5万円	6万円	7万円		
定型職能	1等級	～ 万円		4万円			

専門契約社員の人事評価の設計

　業績評価をこれまでよりも重視して、管理職（課長クラス）とも対比できるようにした。

　また目標管理制度による業績評価については、正社員のみに留めた。

　目標管理制度についてはノルマ的な負担を課する要素を含むこともあり、契約社員については適用しないことにより、一線を画したものである。

大村部長の談話より、今後に向けて

　当社ではこれまで全員専門職を標榜しており、契約社員のなかには業界でも注目されるくらいの高いレベルの者も確かにいます。

　また、能力が高く人望もあって、ライン管理職の適性もあると見込む契約社員もいますが、今の自分のやりたい仕事を続けたいという要望が先にきて、そもそも正社員に転換したいと希望する者があまりいませんでした。これは、これまでの制度自体に問題があったと考えています。同一労働同一賃金に向けて今回制度を見直すこととあわせて、これからは、管理職や営業、プランナーなど本来正社員ならではの仕事にも就くことが可能なようにしたうえで、積極的な動機づけも行っていきたいと思っています。

　今回の役割給導入にあたっては、職務評価（役割評価）が重要で、

これをどのように運用していくかがカギを握っていると思います。

　専門職とはいっても職種が多様でしかも契約社員のそれぞれの契約内容はバラツキが大きく、これを整備することだけでまずは手一杯といったところでした。

　これからはこれまで以上に経営環境の変化も予想されるところであり、柔軟性をもったより合理的な制度にしていきたいと思っています。これにも関連しますが、導入した後もさらに役割給の比重（ウエイト）を高めていきたいと考えています。

第6章
Q&A集

基本的なスタンス

1 被差別感について

> **Q** 当社ではこれまでパートなどいわゆる非正規の社員を多く雇用してきました。その多くは納得して働いていると思いますが、一部の契約社員の中には不満を持つものもいるようです。今後どのように対応していけばよいでしょうか？

A 同一労働同一賃金に向けて、一番大事なのはその会社で雇用する非正規社員等に対して、自分は差別されているという意識を取り除いていくことだと思います。

　面談調査やモラール調査等を実施して本音の部分をまず知ることが大事です。そもそもですが、非正規社員等にとって賃金等処遇面で不満を持っている者はかならずしも多くはありません。勤務時間が短いことが働くうえでの最優先事項であり、パートとして納得をして勤務している者も多いと思います。もちろん納得しているからといって正社員等と比較して賃金が低くてよいというものでもありません。

　一方、一番問題となるのが、その身分について不本意であるとし、しかも水面下で長くそう思っている場合です。だからこそ、その実態を知ることがもっとも大事になるのです。場合によっては賃金の不満ではなく、職場の雰囲気など環境要因、上司や先輩からのハラスメントなどとといったこともあり、そこから火が付いて問題が大きくなることが少なからず見受けられます。人事マネジメントでは、そのような視点でとらえる必要があるのです。よく伝えていることですが、人事に関わる者、気配りの精神がもっとも問われることを忘れてはなりません。

2 ┃ パートが多い職場での意識調査

Q 当社はパートの人数が多く、管理職も正直なところパート全員まではなかなか気が回らないのが実情です。また、パートの中には扶養範囲内での勤務を希望する者も多く、なかには賃金にはそれほど関心がなさそうな者もおり、今後どのような制度や施策を打てばよいのかわかりません。何から進めていけばよいでしょうか？

A 本来は、パートへの定期面接制度を導入して実態を把握することを行う必要があるといえます。これに伴ってパート用のシンプルな自己申告制度を実施している企業もあります（**153頁**参照）。

　また全社的にみてパート等非正規社員の人数が相当に多い場合には、アンケート方式の無記名の意識調査（従業員満足度調査）を行うことも考えられます。この調査は、基本は3択または4択のものとし、最後に自由記述欄を設けておくものです。一定の母集団のもとに属性の区分を設けることも有効です。例えば、パートのなかでも週の勤務時間が30時間を超える者と未満の者とに分けるなどです。1人ひとりの本音部分を引きだすことができれば、これを分析することによって、タイプ別にピンポイントで対策を打てることにもなります。

3 ┃ 不利益変更をするときの注意点

Q 当社はここ最近、業績が芳しくありません。同一労働同一賃金に向けてパート等非正規社員の待遇改善は避けられないと思っていますが、人件費をできるだけ抑えざるを得ないのも実情です。このような状況で注意する点を教えてください。

A パートも含めて雇用の維持は大事です。また、正社員の賃金を下げることについては問題がないとはいえません。短期的には

187

合法的にまず何から実行すべきか、中長期的にみて何とやっていくべき
か、厳しい判断が求められるところです。

　もちろん、状況によってとはなりますが、時間外勤務を削減する、賞
与の支給原資から見直す、昇給の在り方にメスを入れるなどがまず挙げ
られます。不利益な策を取らざるを得ない場合には、社員への説明はも
ちろんのこと、できる限り同意を得ることも求められます。

　中期的には、年功的な制度から職務給や業績給などの合理的な制度へ
シフトしていくことは避けられないものと思います。人事コンサルタン
トの見方としては、将来に向けての事業構想のもと、人員構成の在り方
から戦略的に再構築を図るということになるかと思います。これに伴い、
副業・兼業の許可、促進なども含めての総合的改革にもなってくること
も想定されます。

　いずれにしても、今内在する人事労務に関するリスクがどの程度のも
のか客観的にとらえて判断していくことになります。

4 ｜ 非正規の賃金据え置きは可能か？

Q 同一労働同一賃金に向けて、パートが担当する職務内容を
まず洗い出して整理してみようと考えています。経営トッ
プとしてはパートをはじめとした非正規社員の賃金は現状のまま据
え置くという方針ですが、果たして可能でしょうか？

A 賃金を下げる目的で新たに雇用区分を設けることについては問
題がないとはいえません。据え置く人を多くする前提としても、
労働の質からみて一部のアップする人も出てくることになるというのが
多くの企業の実情ではないかと思います。

　貴社がおかれている状況にもよりますが、働く者にとって目的は多様
です。パートの中には、限られた勤務時間のなかでそれほど賃金に固執
していない人も少なからずいます。また、パートやアルバイトの中には、
日々家族の介護に追われている人、資格取得を目指して勉強している人、

趣味に生きがいを感じている人など、まちまちだと思います。

　そもそも、ひとくくりで非正規とまとめてしまうこと自体に問題があります。なかには60歳を超えて、これまで勤務した企業ではないところで働きたいという人も聞いていますが、そのなかには相当のキャリアがありながら、週に3日だけ働きたいという人もいます。

　それぞれが自分なりの目的をもって働いているわけで、企業に求められているのはまさに雇用の多様化に即した人事制度なのです。

　個々のパートの働くことの志向について本音を聞こうとした企業はこれまであまり多くなかったのではないかと思います。企業としては、どこまで選択肢を多く用意して、そのような働く側のニーズにマッチングできるかという新たな競争の時代に入ったという見方もできます。

　これまでの正社員はこうだ、非正規はこうだという硬直的な思考を変えて見直す必要もでてきていると感じます。もちろん、仕事の内容と責任の度合い、量と質の面から合理的な賃金制度を模索しなくてはならないことも事実です。

2 基本的な人事制度

1 パートは補助業務担当としてみてよいか

Q 当社では、パートは基本的には正社員の補助的な定型的業務に就いてもらっていますが、なかに能力とやる気がある一部の者については、正社員と一見区別のつかない仕事も担当してもらっています。しかしながら、賃金（時給）については多少色をつけているくらいで他のパートとそれほどの違いがあるわけではありません。今後注意すべき点を教えてください。

A これまで補助的業務を中心に担当させてきたという事実を前提とすれば、このことを規程などで具体的に基準を明記することが必要になってきます。この際、質問にあるように現在正社員と同じような業務に就いている一部のパートについては注意が必要です。賃金等処遇を改善することを避けたいがために、新たにコースや区分などを設けるということは控えなければなりません。

　人事の基本的な考え方には、本人のやる気と能力によって経験とともに能力が開発され、これにより困難な仕事を任され、いっそうやりがいを感じさらにやる気と能力が増していくという"善の回転"ともいうべき大原則があります。今、頑張っているパートに対しこれを裏切ってよいものではありません。賃金は大事な要素であるには違いありませんが、賃金だけの問題にとどまりません。本人の意思をあらためて確認する必要があると思います。

　本来のパートとして補助業務に就くとなると賃金は正社員と比べて安い、一方で責任のある、より困難な仕事を担当することになると高い賃

金が期待できる……。このような多様な選択肢のもとに、本人自らの意思はどこにあるのかに焦点を当てて考えてみてください。これに伴ってこれから大事になってくるのは、非正規から正規への転換制度に伴う転換基準の設定です。

非正規社員等の中でも勤務時間が正社員等と比べて明らかに短い、パート、パートタイム労働者については、差別されているという意識を持つものは比較的少なく納得して働いている者も多いと思われます。実際に公表されている調査結果でもこのことが表れています。もちろん一部ではいわゆる不本意な非正規社員がいることも確かです。本来はフルタイムで働きたいのにパートタイム労働しかないので仕方なく……という場合などです。

そもそもパートタイムでしか勤務できないとなれば、残業や休日出勤ができないことなどから、イレギュラーな事態が発生したときの対応が難しいこともあって、責任ある仕事は持たせられないという限界があるのも確かです。このような常識的なところからきちんと整理をしたうえで、その会社流の制度、基準を合法的に模索することがこれからは求められます。

2 | 等級制度について

> **Q** 同一労働同一賃金に向けて、正社員と非正規社員において基本的な人事制度は異なることはあってもよいと聞きましたが、これはどのようにとらえればいいのでしょうか？

A 多くの企業では、正社員等が職能資格制度、非正規社員等が職務等級制度に基づくこと、これを受けて賃金制度では正社員等が職能給、非正規社員等が職務給を採用することとなっています。これらのどのような人事賃金制度を採用するかは各企業が決めることであり、これ自体に問題はありません。しかしながら、なぜそのような制度であるべきなのかという説明は今後必要になってくるものと思われます。

　一般論ですが、正社員等も含めて、ヒト基準たる“職能資格制度；職能給”から、仕事基準たる“職務（役割）等級制度；職務（役割）給”のほうにシフトしていかざるを得ないというところが実態かと思います。すなわち、同一労働同一賃金に向けては、正社員等も制度面および意識面も変えていくことを考えなくてはならないと思います。

3 ｜ 職能と職務の違いについて

Q 職能と職務の本質的な違いがよく理解できていません。どのようにとらえればよいでしょうか？

職能とは、職務遂行能力、すなわち現在担当している仕事、または将来担当するであろう仕事を遂行していくために必要な能力を基準とするのに対して、職務とは現在担当している仕事そのものを表します。職能が人“ヒト”に沿った基準であるに対して、職務はまさに仕事基準であるという位置づけになります。ただこれはあくまでも定義であって、職能といっても人が仕事をして、さらに評価を経て初めてとらえられるもので、仕事という側面については重複するものであり、この点は混乱を招くところです。

　表現としては、職能が、「～すること（仕事）ができる」という表現となります。このことからみても職能の基準としてはどうしても曖昧になってしまいがちです。

　一方の職務については、「現在～（の仕事）を担っている」と明らかな現在形で表します。またこれは毎年とは言わずとも変動し得るということも意味しています。職能と職務と双方を用いる場合には、このようにあえて表現を変えることによって区分を明らかにしようという意図もあるのです。

4 | 役割とは

Q 最近「役割」という言葉をとくによく聞きますが、その意味するところが十分に理解できません。同一労働同一賃金に向けてどのようにとらえればよいのか教えてください。

A 定型業務を中心に比較的短期間で習熟できる仕事、この付加価値を測ったうえで等級として設定したものを職務等級制度、さらにこれに基づいて賃金を決定する仕組みを職務給と一般的にいっています。これに対してはっきりとした共通の定義はありませんが、仕事の大きさや責任の重さについて会社としてこれだけの役割期待があるとする前提で基本人事制度を設計したものを役割等級制度、これに基づく賃金を役割給といいます。ただし、大きくとらえればこれらは同じ範疇に入るといってもよいと思われます。

日本では大企業を中心としてこの役割という言葉が比較的自然に使われてきていると感じます。その理由の1つに管理職や専門職など上位の階層でもうまくあてはめることができることが挙げられます。すなわち、従来の職務給のように、詳細な職務分析を行ったうえで仕事の付加価値に応じて客観的に定める職務給とは異なり、いかにも日本的で柔軟な余地を残した決め方とも言えるでしょう。しかしながら、一方で曖昧で抽象的であるというマイナス面については否めないところです。

5 ｜ コース別人事について

Q 当社では、正社員については、総合職および総合職の補助的な業務として一般職と大きく２つに区分して採用しています。うち、一般職は全員女性となっています。このようなコース別区分について今後注意すべき点を教えてください。

A いま大企業を中心として、社会経験のない新卒者をスタートとして長期にわたるキャリア開発の観点からコース区分を行っているところが今でも多く見受けられます。このコース別人事のことを**複線型人事制度**と言うこともあります。学歴、職業意識および適性なども関連し、人事制度においては、採用、教育研修、昇格や昇進などに反映させていくことになります。重要なのは賃金体系、賃金水準もコースによって大きく異なってくるということです。

　一般的に総合職とは、将来の幹部候補としての期待を担い、長期的な能力開発を前提として多様な異動配置等の経験をもとに指導、育成していくものです。これに転勤の有無について組み込む場合も多く見受けられます。これに対して一般職は総合職の補佐的な業務を中心に担うもので、異動配置の範囲も総合職よりは狭く定められています。1986年の男女雇用機会均等法の施行が契機になったとも言われています。

　一方、管理職層については、ライン管理職以外にも専門職（スペシャリスト）、専任職（エキスパート；ベテランスタッフ）などを含めて機能別に設定することを指す場合もあります。

　同一労働同一賃金に向けて、これまでのコース区分が揺らいできています。男女差別は論外ですが、転勤など異動配置の範囲などのコース基準についても見直しが避けられなくなってきています。これに関連して、今後とも人事制度においてコース区分を残すにしても、転換制度、転換基準について本人の選択も含めてより柔軟に対応していくことが求められるようになってきます。

6 | 転勤について

> **Q** 当社は商社を営む中小企業です。全国に５カ所の営業所が
> あって営業職については採用時から転勤があるものとし、
> 一部ですがそのとおり実施しています。しかしながら、それ以外の
> 従業員については、ないとは言いきれませんが、予定された転勤は
> 考えられません。このような場合にどのように考えておけばよいで
> しょうか？

A 大企業または国家公務員の一部を除き、住居の移動を伴う転勤
に関わる事項は昔と大きく変わってきています。総合職だから
すべて転勤が前提となるということは一部の大企業を除いて既に過去の
ものになってきています。本来転勤の対象となるべき社員を転勤させる
ことができないもしくは本人が辞退することも最近では珍しくなくなっ
てきています。健康面など本人の個人的事情を始め、家族の育児、看護
や介護など家族の事情によって転勤対象からは除外されることなどが当
然のように行われています。実際、改正男女雇用機会均等法でも転勤要
件については合理的な理由がなければ「間接差別」に該当するものと厳
しくなっています。逆に一般職に対して独身者などは、もちろん本人の
同意が前提になりますが、転勤対象となることもあり得ます。

このように転勤が前提となるとはいっても実際に転勤になることはケー
スバイケースであり、本来は、転勤が発令された後の社宅とか、別居手当、
帰省旅費とかの待遇面を厚くすることが基本であるといえるでしょう。

今後、計画的な転勤が必要であれば、例えばですが、営業職掌（渉外
担当）は入社３年後より、それ以外は階層に応じて、課長クラスや、あ
るいは係長クラスから昇進の時点で本人の自覚と同意を求めるというこ
とも進められてきているところです。いずれにせよ、基本となるコース
区分で転勤の有無を組み込むことについて果たして適応するのかどうか
十分に検討が必要です。

7 ｜ 地域差について

> **Q** 当社は全国に営業所展開を図っていく発展の途中段階にあります。これからの人事賃金制度を考えるにあたって、地域差についてはどう考えていけばよいでしょうか？

A 　全国に複数の事業所がある企業の場合、地域差をどのように制度に反映していくかについては難しい課題です。企業にとって本社のみで事業所が完結するものと、新たに支店や営業所展開等によって拡大していくことによっての人事労務管理の煩雑さ、困難さは比べ物になりません。

　とくに賃金をどうするかということについては、転勤を前提とした社員の場合と、その地域のみで限定的に勤務する場合とで異なってきます。これは、広く全国的にみて賃金水準の地域差が歴然としてあるからです。ただし、転勤を前提としている場合には、その時に勤務する地域によって賃金が上がったり下がったりすることは適当ではないとする考え方もあります。もちろん、その場合であっても、寮や社宅、単身赴任の場合の別居手当など福利厚生面を中心に補完することは当然です。また、最近では最低賃金について地域差をどこまで反映すべきかということも新たな課題になってきています。結論から言えば、地域差をどのようにとらえるかは、転勤の可能性を含めて会社としてのポリシーにかかる問題となります。

8 │ 訓練期間について

> **Q** 正社員と非正規社員それぞれの等級制度を設計する場合、正社員については採用から当分の間は訓練期として設定すればよいと聞きましたが、これはどのように解釈すればよいでしょうか？

A 正社員等が非正規社員等と比較して、能力開発期間や研修期間が長期にわたることは一般的には当然です。ただし、一方の非正規社員等の訓練期間が必要ないわけでは決してありません。もちろん、どのような業務を担当し、そのためにどのくらいの知識、スキルや経験が要求されるのかが前提になりますが、仮に社会人として未経験の新卒正社員が5年とすれば、非正規社員については半年または1年間とみるというのが現実的でしょう。

ガイドラインでも業務で必要な研修については正社員等に限らず非正規社員等にも実施すべきと明記されています。

したがって、正社員のみの訓練期間が例えば10年などと超長期にわたるという見方は説得力に乏しいところがあります。このような決めつけについては差別を助長することになりかねないので注意が必要です。表面的な制度上の違いにこだわっては本質的な解決とはなりません。

3 職務評価

1 │ 職務評価とは何か

Q 同一労働同一賃金に向けて、人事賃金制度等を見直すには職務評価（役割評価）が重要になるとの記述を読みましたが、人事評価（人事考課）と何が違うのかもよくわかりません。職務評価とはどのようなものか基本的なところを教えてください。

A 人事評価（人事考課）が各社員に対し、基準に沿って成果、態度、能力などの要素から、人を評価するのに対し、職務評価とは、社員が行っている仕事を調べ、整理したうえで何らかの価値決めを行うことです。従来、職務分析ともいわれてきたものです。分析という言葉が使われることからみてもわかるように、科学的で精緻な調査が求められるものです。

また、一般的に職務が定型的なルーティンの業務を中心にとらえるのに対し、役割とはそれぞれの社員に対する役割の期待というところからとらえたものです。役割とは職務ほど明確なものではなく、抽象的でざっくりととらえることができればよしとするものです。ただその違いは必ずしも明確な共通認識のものとはなっていません。従来、職能資格制度において等級基準を策定するにあたっては職務調査を行い、職務給を設計するにあたっては職務分析を行うものとなっていました。

ただし、職務分析については、依然、大企業であっても本格的に実施したところはきわめて少ないようです。なぜならば、日本の企業では職務給がなかなかなじまなかったということと、膨大な手間暇と費用がかかるということもあっていつの間にか話にも出なくなったというのが事

実です。

それがここにきて、同一労働同一賃金の観点からあらためて必要性が高くなってきているというのが現状といえます。

（1）職務評価の方法としては以下があります。

記述法…業務に精通しているベテラン社員に対して調査票を作成したうえで必要事項を記入してもらい、これを取りまとめていくものです。比較的簡便に手間暇をかけずに行えるというメリットの一方で、内容が不十分であったり、バラつきが生じたりするなどのデメリットも挙げられます。

面接法…人事の担当者やプロジェクトメンバーなど業務経験豊かな者が面接を行ったうえでとりまとめていく方法です。担当者の負担が大きく、外部の専門家を活用するとなればコストが高くつくというデメリットが挙げられます。

観察法…実際の職務の遂行状況を観察しながらとりまとめていく方法です。業務に精通した者が行うことが前提となります。

（2）評価にあたっては以下の方法があります。

序列法…基準に基づいて相対的に評価を行って順位付け行うものです。主観が入る可能性も否めません。

定義分類法…等級ごとに基準となる職務を例示するものです。簡潔でわかりやすいのが特徴です。

ポイントファクター法…要素ごとのウエイトを設定し、点数化によって定量的にとらえる方法です。客観的で合理的であるというメリットが挙げられる一方で、点数化の在り方によっては実態とはずれてしまいかねないという可能性も指摘されています。

なお、実際に精緻な基準を作ったとしても、経営環境の変化、組織の変化、経営業務方針の変更や従業員構成の変化等によって、毎年のように変わるためにメンテナンスが大変だということも言われています。

2　職務評価の要素について

Q 職務評価を自社でもやってみようと思っています。まずは
その要素（項目）をどのように設定しようか考えあぐねて
います。それぞれの企業に沿った要素を決めるにあたってのポイン
トを教えてください。

A 職務評価を行う要素は、その前提として階層別にとらえないと
意味がありません。例えば、「経営の貢献度」などは管理職もし
くはこれに匹敵するぐらいの高いレベルでの専門職になって初めて意味
を持つものでしょう。単純作業を繰り返し行うパートや、社会人として
の経験が浅い層に対して行っても意味がありません。

　まずは階層区分を一般社員層、指導または企画業務が中心となる中堅
層、管理職や高度専門職からなる層の3つに区分したうえで、それぞれ
に職務評価を行っていく必要があると思われます。詳しくは第2章をご
覧ください。また職種によっては、経験の積み重ねが必ずしもレベルの
違いに一致しない要素もあります。「革新性」や「独自性」などがこれ
に該当します。

4 人事評価(人事考課)について

Q 当社では正社員について昇給や賞与時の賃金査定を目的として簡単な評価（人事考課）を行っています。一方で契約社員やパート、定年後の再雇用者に対して評価の類のものは実施したことがありません。これについて問題はないでしょうか。

A これからは人事評価がもっとも重要な人事課題になってくるといっても言い過ぎではないでしょう。結論から言えば正社員等のみならず非正規社員等すべてにわたって評価が求められることになります。

賃金制度では、ほとんどの企業が年功や勤続に応じて決めることから脱却して能力主義を進めていかざるを得ないなか、評価制度を避けては通れず、いっそう重要になってきます。定年後の再雇用者しかり、パートあるいは一定の期間以上勤務するアルバイトについてもそうです。派遣社員についても、派遣元から派遣先企業に対して人事評価の実施依頼が増えてきています。

実は、このことに2020年（令和2年）の新型コロナウイルス感染症対策を前提とした在宅勤務、テレワークの進展の影響もあって、人事評価の在り方から変わっていかざるを得ないという状況にあります。個々の成果、業績への貢献度をどのようにとらえるべきか、報告・連絡・相談などのコミュニケーションの在り方も変わってくるなかで、成果に導くためのプロセス評価についても見直しが進むものといえます。

5 賃金等処遇について

1 通勤手当等について

Q パートに対して、通勤手当を支給しないことによる問題はあるでしょうか。管理が大変だということもあり、シンプルに基本給にこれらを含めて増額することを考えています。関連して注意すべき事項も教えてください。

A 派遣社員も含めて、非正規社員等に対して通勤手当を支給することが急務になってきています。このことは判例でも明らかです。

通勤手当については所得税法上でも一定額までは非課税扱いとされています。すなわち通勤にかかる費用は、従業員にとっては自分の懐にはとどまらない、入っても出ていくだけの存在です。このような類のものは支給の有無がもっとも被差別感につながるところですのでとくに注意が必要です。

被差別感につながりやすいのは、業務上の安全性や衛生面からみた靴や作業服、食事手当や食堂での安価に利用する権利、バウチャー券の支給、休憩室を始めとして福利厚生関連の施設の利用などです。これをみると、単に賃金だけではなくむしろ福利厚生策などがいろいろと挙がってきます。このように、形となるものや目に見えるものにまず注目してみる必要もありそうです。

通勤手当にしても上記の事項についても、コスト的にみれば全体からみればそれほど大きくはないと思われます。コストをかけずに被差別感を解消することにまずは目をつけるべきです。一番問題なのは、非正規社員等に対する無関心、無神経なところです。

働きやすい会社というのは、これからのことに最大限の配慮をしています。例えば、ランチタイムでの歓送迎会とか、日帰りの子供を連れてのバス旅行、誕生日プレゼント、さらには飲み物や休憩時間のおやつの提供なども含め、こまごまと挙げられます。

本質的なことではないかもしれませんが、親切の押し売りではなく、この会社で働いていてよかったと思われることが一番の得策といえるかも知れません。退職する場合には円満退職はもちろんのこと、小売業やサービス業ではその後もファンとして期待でき、採用の時の知り合いの紹介など、退職後も関係は続くという見方を、人事担当者もぜひ持ってください。目に見えないところも含めての配慮、気配りが大事です。

2 │ 昇給について

Q 当社では正社員については賃金規程に基づいて昇給を毎年4月に定期的に実施しています。ただし契約社員やパートについては決まった制度はなく、何年かに一度個別に見直す程度となっています。これについて問題はないでしょうか。

A 正社員等には当然のように昇給があるものの、非正規社員等に対しては、制度としての昇給がない、このようにイチかゼロかと言う考え方は、これからはかなりリスクが高いとみる必要があります。

昇給の在り方については、前提からの見直しも考えておく必要があると思います。まずは正社員等からですが、定年まで賃金が上がる一方という時代は既に過去のものになってきています。

したがって昇給という言い方ではなく、年に一度の賃金改定という言い方に見直す必要があると思います。もちろん、新卒社員など初任給がかなり低いところからスタートする企業では、モデル賃金に基づいて10年、15年くらいの間、基本給が上がる一方（昇給査定分を除く）となることは当然のことです。運用面も含めてのことになりますが、多くの場合非正規社員等にもこれに準じて見直す必要がでてくると言えるでしょう。

3 ｜ 賞与について

> **Q** 当社の賞与制度では、パートと正社員等との間で勤務時間の差を超えて歴然とした違いがあります。パートには賞与の時期に寸志程度しか支給してきませんでした。同一労働同一賃金に向けて、製造現場での現地採用の正社員としての技能職（多くは女性）と、同じ職場のパートが比較されることになると思われます。是正をしなくていけないことは重々承知していますが、まずはどのように見直していけばよいでしょうか？

A 同一労働同一賃金に向けて、賞与をどうするかということは大変大きな課題です。日本の雇用の特殊性も背景に、年収に占める賞与の割合は業種や企業によっても異なりますが、グローバルにみてもウエイトがかなり高いことは間違いがありません。また、正規と非正規との間でもっとも差があるのがこの賞与にあるといってもよいと思います。私が関与した企業のなかでもパートに対して賞与などは考えたこともなかったという企業は少なくはありません。しかしながら、担当する業務が正社員とほぼ同じで会社の業績への貢献度に応じて支給される場合、寸志程度では不合理とされることも十分あり得ます。

　いずれにしても外注化策などを含めて、雇用の在り方そのものの再編成までも含めて、賃金では賞与の見直しが避けて通れないことを想定しておくべきです。現時点でパートの賞与がゼロであれば次には寸志レベル、さらにその次には寸志レベルから脱却するとともに、一方では、パートにも等級制度と評価制度を導入するとともに、職務の内容が正社員に近いところから改善を進めるステップアップ方式で計画的に取り組んでいかざるを得ない課題となります。

4 | 業務用備品の貸与について

Q 当社では商品管理部門の現場の正社員については安全靴を貸与しています。パートやアルバイトについては、その多くは雇用期間が短いこともあり、期間が更新されて長くなってきたときには現場での個別対応に任せており、とくに決まりはありません。実際には危険な業務には就かせないように注意はしてきており、これまで事故が発生したことは一度もありません。今後は、問題ないでしょうか？

A 例えば工場の生産・加工業務や倉庫業務などにおいて、正社員等については安全靴を支給する会社も少なからずあるかと思います。規程によって、正社員には当然支給されていたところが、パートやアルバイトについては勤務の時間や期間が短いことによって支給の対象から除外されていたということもあるかと思います。ただし、安全や衛生の観点からの貸与ということになれば、異なる扱いをすることには注意が必要です。勤務時間が短いにしても、期間が短いとしても問題となり得ます。貸与の理由が安全や衛生面からとなると、合理的な違いが見いだせないからです。ただし、正社員ほど危険な業務には就かせないなど適正な理由があれば、基準を設けて対応することは可能です。この場合、科学的な裏付けが求められる可能性もあります。

5 ｜ 無期転換者との同一労働同一賃金とのバランスをどうとるか

Q 同一労働同一賃金に向けてパートや有期契約社員がフルタイムの無期雇用へ転換した場合、本来のパートを含む有期契約社員との賃金等のバランスをどうとらえていけばよいですか？

A 同一労働同一賃金に関連する法の保護対象者は、パートおよび雇用契約において期間の定めのある従業員ということになります。また、労働契約法では勤続5年を経過すると無期に転換する権利が発生することになっています。企業としては、なぜ無期転換を望むのかという視点にも立って、賃金など関連する制度を見直していく必要があります。

逆説的になりますが、同一労働同一賃金の観点からすると、これまでと全く同一業務に就く場合には、転換してただちに賃金をアップすることは難しいかと思います。

この一方で、職務遂行能力が高まる、担当する仕事の付加価値がレベルアップする、会社や所属組織への貢献度が高まることにより、それまで以上に賃金が高くなる新たな仕組みに乗り換えていくべきです。そのためにもこれからは評価制度が重要になります。

本人の意識と能力のもとに、やれば報われる制度にしていくこと、人事マネジメントの原点に立って検討すべき課題であると思います。

6 ｜ 職務給導入により降給する際のポイント

Q 職務給を採りいれた場合に、職務の変更に伴って降給となることもあるということですが、この場合、何に注意すればよいでしょうか？

A これはなかなか難しい問題です。これまで日本の雇用風土に職務給がなじまなかった大きな理由が、行きつくところこの降給

にあるといってよいでしょう。

　以下に注意する必要があると考えられます。

○**職務等級制度とこれに対応する職務給が客観的にみても制度上で、能**
力主義や成果主義の進展を受けての今の時代を反映して合理的なもの
であること

　　著者が人事コンサルタントとして提案するときは、一定の基準額を
担保するとともにそれ以上は加算していくように配慮しています。す
なわち、基準額を超えた部分については事実上の減額の際に、あえて「減
額」という表現は使わずに、「前の状態に戻す（加算額を外す）」とい
う表記としています。

○**実質的な降給およびこれに関連する事項が就業規則や賃金規程等に明**
記されていること

○**新制度への移行時には総額として不利益にならないものとし、また導**
入後の運用方法について丁寧に説明を行うこと（とくに労働組合があ
るときには時間をかけて行う必要があります）

○**降給の可能性があるときには、見込みの段階で本人にきちんと説明を**
行うこと

○**降給となる場合は、賃金を生活給としてみた場合にこれを損なわない**
額の範囲とし、必要な場合には激変緩和措置をとること

　以上をみてもわかるように、降給対象者に向けて理解と納得を得るた
めの努力を惜しまないことが重要ということにあらためてご理解頂けれ
ばと思います。

7 ｜ 時給制（＝非正規）社員の夏季・年末年始休暇の考え方

> **Q** 夏季、年末年始休暇について教えてください。正社員は月給制であり、休んでも賃金が減額されることはありません。一方の時給制の従業員は就労しない分賃金が減ることになります。今後、これについてどう対応していけばよいのか教えてください。

A （完全）月給制の正社員と、日給制や時給制の非正規社員との違いが表れるところです。必ずしも全員一度に休暇を取らせる必要はありませんが、非正規社員に対しても、可能な範囲で、労働基準法でいう年次有給休暇とは別にこのような任意の休暇も増やしていくことが課題となっています。**事実、2020年10月の最高裁判決でも、心身の回復や継続的な雇用確保の目的としての夏季・冬季休暇については非正規社員にも支給すべきとしています。**

　一方で正社員の休暇前後にかかる負荷が非正規社員よりも大きいなど、あらためてその違いを合理的に説明できるようにすることも含めて解決していくべき課題ともいえます。

6　退職金について

1　退職金制度がない事業場における派遣社員の扱いをどうするか

Q 当社は中小の設計・開発業ですが、一部技術者の派遣業も営んでいます。当社は、賃金について、個々の社員が1年間で会社に貢献したものを評価したうえで年収として社員に支給する、という社長の方針でこれまで運用してきました。また創業からの年数も浅く、平均勤続年数もそれほど長くないことなどから退職金制度はありません。

　今回、派遣社員の賃金を労使協定方式に則って検討するにあたり、退職金を組み込んで算出することになりました。正社員には退職金制度がないのに、派遣社員に対しては退職金制度を組み込むことについての矛盾を感じています。これをどのように説明していけばよいでしょうか？

A 従業員に対して全て退職金制度が必要であるかどうかということについては、必ずしもそうとは言えないといわざるを得ません。退職金制度をどうするかについては各企業が決めればよいことです。しかしながら、いうまでもないことですが、派遣社員は派遣元の企業に雇用されていながら、実際に勤務するのは業務責任を持つ派遣先となり、双方の関係があるというきわめて特殊な形態です。したがって、他の契約社員やパートなどの直接雇用者と単純に比較することができないことはわかりますが、派遣元の正社員等に退職金制度がないのにもかかわらず、派遣社員の方には一定の退職金額も組み込んで賃金を決定することについては、解釈上の不自然さを感じざるを得ません。あくまでも職種

209

ごとの一般的な地域差も含めた、基本給、通勤手当を含む諸手当、賞与、さらに退職金も含めてのトータル賃金を一般と比較して、一定水準以上を確保すべきものと理解するしかないと思われます。

　このことをまずは念頭において、これからは正社員も含めて人事賃金制度をどうするかということについてあらためて考えていかざるを得ないと思います。枝葉末節の表面的な技術面のみに終始することなく、会社として、従業員はもちろん、社内外にきちんと合理的に説明できるように、整備することが求められてくる時代であるといえます。

2 ｜ 支給・不支給を正規・非正規社員の別に決めてよいか

> **Q** 現在の退職金制度は、支給対象が正社員のみとなっています。当社では退職金は長期にわたる就労への報酬という位置づけとなっており、非正規社員に対しては正社員への登用制度も設けていることもあって対象とはなっていません。同一労働同一賃金に向けてこれからは非正規社員にも対象を広げていく必要があるでしょうか？

A 2020年10月の最高裁判決では、「退職金の目的が正社員の定着を図ることであって、しかも正社員と非正規社員との間で職務内容に一定の相違がある場合には、非正規社員に退職金制度の適用がないとしても不合理までとはいえない」としました。

　この裏を返すと、「職務内容の違いがほぼないもので、勤続が長い非正規社員に退職金を支給しないことは問題がないとはいえない」との見方もできます。

　賃金制度のなかでもとくに退職金は企業の裁量範囲が広くとらえられており、また貴社では正社員への転換制度も明確に設けられているということで、ただちに支給しなくてはならないとはいえませんが、潜在的なモチベーションなどの問題は残ったままとも感じます。

　退職金は月例賃金や賞与とは異なり、分離課税のメリットもあります。

新たにポイント制退職金制度を採りいれて、毎年の担当職務の大きさや
責任の重さなどに応じた貢献度に連動する仕組みに変える動きもあります。
　すなわち中期的にみれば、正社員も含めての見直しも考えてよいので
はないかと考えます。
　ちなみに派遣社員において労使協定方式によって賃金を決定する際に、
地域の同業他社の一般的な賃金水準を参考とするにあたっては退職金相
当額も含めることになっています。

7 零細企業の場合について

> **Q** 当社は従業員15名の零細企業です。うち３名がパートですが、雇用管理について疎く、そもそも正社員という概念も明確なものがありません。このような場合、同一労働同一賃金に向けてまず何を行ったらよいのか教えてください。

A 中小・零細企業において業種や業態によっては正社員という概念そのものがはっきりとしていない場合も少なくありません。例えば、介護事業やサービス業などです。

パートとはいっても、なかには１日８時間、週40時間のフルタイムで正社員等と同じ時間勤務する者も少なからずいて（正社員等が月給制であるのに対し、時間給制をとっていることでパートと呼ばれるもので、いわゆる"疑似パート"に該当するものです）、曖昧になっています。このような、何となく正社員、何となく非正規というのがいちばん問題となります。

同一労働同一賃金に向けてはシンプルながら双方に適用できる"見える"人事制度づくり、最低限の賃金規程に基づく賃金基準について形にしていく必要があると思います。

まずは本人の意識を確認し、また制度や規程については、基本となるシンプルなものでかまいませんが全員が納得するまで根気よく説明を続けることが求められます。

8 移行の進め方

1 改定に向けての優先順位

Q 零細の製造業です。これまで長く生産現場にいましたが、昨年から異動で総務人事の担当になりました。浅学非才で同一労働同一賃金に向けて法改正の趣旨や行政のマニュアルをみても難しくてピンときません。現場では嘱託やパートがラインに入っていて、正社員との担当する仕事の違いははっきりしていません。というか、できないというのが実情です。このようななかでいったい何をどこから手をつけていいのかもよくわかりません。まずは一般的な基本のところだけで結構ですので、見直すべき優先順位について教えてください。

A 正社員等と、パートを始めとした非正規社員等についての賃金の差についてまず目を向けてください。パートについては、勤務時間の差によって違いを設けている場合を除きます（正社員等が１日８時間に対して６時間勤務の場合は、８分の６を支給するなどです）。

①手当について、通勤手当は支給していますか？

②同様に、仕事に直結する手当の違いはないでしょうか？

（作業手当など）

③それ以外の手当ではどうでしょうか？

（食事手当・精皆勤手当など）

④賞与については支給していますか？

（支給なし、または正社員が一定の月数で支給しているのに対して、３万ないし５万円程度の寸志ではないでしょうか？）

⑤休暇や福利厚生面では違いはないでしょうか？

⑥基本給についてどのように決めていますか？

　もし差があるとすれば、納得を得られるような説明ができますか？

さらに、

⑦正社員等とは異なる点について、パートを始めとして非正規社員等などが日頃感じている点や要望などはないでしょうか？

の順番を前提に検討を進めていってください。

2 ｜ 新賃金制度移行時の基本給の調整措置について

Q 当社では正社員を含めて職務基準に沿った能力主義人事賃金制度への見直しを計画的に進めていこうと考えています。問題なのは、これまでの長年にわたる年功的な運用の積み重ねによって実質引き下げざるを得ない従業員が存在することです。当分の間、調整手当を支給して対応する必要があるとは聞きましたが、この移行時の調整の具体的な進め方について教えてください。

A 賃金（基本給）の移行にあたっては、何らかの調整措置は避けられないといってもよいと思います。人事賃金制度を大きく変えて、新しい等級、諸手当、基本給を順次当てはめていくにあたって、差額が発生する場合があります。ここでいう差額とは、移行直前の時間外手当等を除く月々の固定賃金の減額を意味します。これについて一定の期間補填することが調整措置であり、調整給、調整手当、暫定手当などと言われています。これについてはいわゆる成果主義賃金改革における判例等なども参考にして、押さえるべきポイントとして以下のとおり挙げられます。

①新しい成果主義人事制度自体が理論的にもしっかりと組み立てられていること。

②上記について、就業規則（賃金規程）に必要な事項が明記されており、この変更が合法的に行われていること。

③とくに対象者に対して、**調整措置の説明を適正に行っていること。**
④**いきなり減額するのではなく、一定の予告期間を設けるとともに、年
　数をかけて減額を行うこと。**

などの措置が求められます。例えば、5万円の調整手当が発生したとす
ると、1年間留保した後に毎年2万円を限度に最長3年かけて減額をす
るなどです。もちろん調整期間の間に基本給のアップ要因、例えば昇格
や昇進などがあれば、解消されるということも考えられます。

　また、調整手当の説明の時には出来る限り本人の同意があることが望
ましいといえますが、仮に同意がなくても実施できるように条件を押さ
えておくことが求められます。

　なお、上記の調整手当は、労働基準法上は時間外手当の算定基礎額に
算入しなければなりません。一方、例えば任意の賞与制度としてみた場
合は、算定基礎額から除外することなども考えられます。

　この調整措置をどうするかは、賃金制度の移行にあたっていちばんの
山場となります。なぜならばそれまでの過去の人事賃金制度と決別して、
新制度に移行することになるわけですが、賃金について以前の制度では
高すぎたからといって、それを否定して終わりとはいかないからです。
ですから調整とは、激変緩和措置の一環として、時間をかけてじっくり
是正していくことに他ならないということになります。

　これに関連してマイナス調整についての相談を受けることがあります。

　これは、新制度に基づいて決定された該当する等級の新基本給の下限
額（初号額）が例えば20万円であった場合、賃金明細上、新基本給の欄
に20万円、調整措置として−2万円として差し引き18万円の支給額とす
る場合です。これについては注意が必要であり、出来る限り避けなけれ
ばならないといえます。なぜならば会社が毎月2万円の債務を負ってい
るという見方も成り立つからです。これによって、仮に調整期間の途中
で退職した場合については、その調整の合計額を支給することにもなり
かねず、またモチベーションからみても難があります。賃金ではできる
だけマイナスという言葉は使わず、プラス；加算するようにもっていく
ということが基本原則と言えますが、このことはこれにも当てはまるも
のです。結論から言えば、移行時に実際に支給可能な賃金制度（賃金表）

を設計し、そこからスタートするということになります。上記でいうと、移行時には下限額（初号額）を便宜上あえて18万円に設定して、2、3年経過した時点で20万円に引き上げることを予定したうえで賃金を設計すべきであるということになります。

3 | 家族手当の廃止統合のための調整措置について

Q 当社では正社員には一般企業と比較してとくに家族手当を厚く支給してきました。これは先代の社長の「会社は社員の家族を含めての幸福を目指す」とする経営理念からのものです。しかしながら、ここに来て、扶養家族のいない社員も増え、女性の積極的な登用なども背景にあり、かえって不公平感が出てきています。

このような状況下で仕事基準の能力主義賃金制度へ再構築を図るなか、家族手当を廃止していこうと考えています。ただし一方で一部ですが扶養家族が多い社員もおり、円滑に見直しを進めていくにはどうしたらよいのかわかりません。移行にあたっての注意点を教えてください。

A 同一労働同一賃金に向けて、非正規社員等には支給されていない正社員等に対する家族手当を廃止して基本給部分に統合することや、減額することを最近聞くようになってきました。

これについては先述の基本給調整とはやり方が異なるものです。廃止統合の場合、それまで支給していた家族手当についてはいったん凍結して、数年の間は既得権として支給し続けることが必要な場合があります。このとき、例えば「家族調整手当」または「生活調整手当」などの呼称で内容を明確にすることが求められます。一方で、新たに扶養家族が発生しても家族手当として支給はしないとするイレギュラーな期間を特別に設けるということも行います。しかしながらこれだけだと全体からみて不利益な変更になってしまうため、ケースによっても異なってきますが、それまで支給してきた家族手当の総額は保証しつつ、一方では減額する差額分を基本給部分の方に順次上乗せを行っていくといった複雑な

対応を進めていく必要がでてきます。すなわち、賃金総額はカットせずに改革を進めていくということであり、総額での不利益変更を避けるための策ということになります。これらは激変緩和措置の一環として見ることもできるでしょう。このように基本給や手当を減額するということについては大変な困難を伴うものです。やむを得ず実施する場合については、規程化と説明はいうまでもないことですが、年数をかけてじっくりと綿密な手続きを経て計画的に行うことが避けられません。

4 労働組合がある企業について

Q 当社には労働組合があります。今回の同一労働同一賃金に向けて正社員も含めて広く見直しが必要であるとの認識に立っていますが、組合をどのように巻き込んでいけばよいのかそのポイント教えてください。

A 長年の人事コンサルタントとしての経験からですが、労働組合がある企業についてはいっそうの注意が必要になります。対立しているから、温厚でよい関係を維持しているからとは単純に決めつけられない新たな問題に発展する可能性もあります。というのも、労働組合は組合員（多くが正社員）のみの賃金等待遇の改善を求めてきた経緯があり、契約社員、パートや定年後再雇用者などこれまで非組合員であった労働者については、場合によっては組合員と相反する立場であったという歴史が背景にあるからです。それがようやく最近になって非正規社員も含めて改善要求が出てきたといったところです。2020年の最高裁判決においても労使協議の経緯が「その他の事情」として考慮されることとなっています。

したがって労働組合とは制度改定の検討を始めるときから早めに、関連法の解釈、その会社にとっての課題などを丁寧に説明し、共有していくことが避けられないともいえるでしょう。会社としての方向性はしっかりと持ち、楽観視することなく慎重に、外堀から巻き込んでいくこと

が求められます。しかも計画的にかつ着実に進めていかなければなりません。予想以上に時間がかかることも織り込んでおく必要があるかと思います。

9

在宅勤務について

Q 当社では正社員については一部在宅勤務を実施しています
が、非正規社員については現場業務が中心ということもあっ
てまだ認めていません。これについて問題はないでしょうか？

A 2020年（令和2年）春、新型コロナウイルス感染症における緊
急事態宣言を受けて、多くの企業で在宅勤務の導入が進みました。
その後本来の勤務形態に戻したところも多かったわけですが、一部では
その後も制度としての在宅勤務、テレワークに向けての試行錯誤が続い
ています。

　そのようななかで、正社員等については在宅勤務を認めているのに、
非正規社員にはなぜ認められないのかという疑問も出てきているようで
す。というのも子供を持つ女性や介護対象の家族を持つ者など、自宅勤
務を希望するのが多いのはむしろ非正規社員等の方であるからです。も
ちろん、正社員等であっても生産、加工、倉庫、店舗販売、サービスな
どの職種では、現場での業務（現業職）が中心であるために在宅勤務は
きわめて限定的です。したがって、非正規だから認めないということで
はなく、職種や階層に応じてどこまで認めるべきか合理的なルール化が
必要になると考えられます。

　ある企業では現場業務の正社員等に対しても試行的に月に2日程度、
在宅勤務を認めています。その企業では、日常での作業では時間がなか
なかとれない業務マニュアルの見直しを行わせたり、改善に向けて課題
を与えてレポートを提出させたり、フォローアップのためのオンライン
研修などを実施しています。例えばですが、入社3年経過した者につい
ては、月に1日でも自宅で勤務できるような体制に持っていくことが、

これからの差別化戦略のひとつとして現れてきていると感じます。

　ノートパソコンや通信機器の貸与など、関連するコストの面から簡単にはいかないでしょうが、諸種の助成金の活用なども含めて検討する余地はありそうです。

　重要なのは、非正規社員等に対して差別を行ってはいないというメッセージを常日頃から発信していくことだと思います。

第7章
最高裁判例から
まとめ

関連する重要最高裁判例から

　同一労働同一賃金を始めとして、人事労務に関して上級審まで至った裁判では、被告が運輸、学校、病院、一部の全国展開の巨大企業など、大きな偏りがあります。

　その理由としては、職種による担当業務の違いが明確に見いだせないこと、ケースによっては公的資格などの裏付けがあること、公益性が高いこと、権利意識が高いこと、および労働組合の立ち位置などが影響しているものといえます。このような点にもあらかじめ注意が必要です。

　また以下の判決は、旧労働契約法第20条に基づくものですが、これが「短時間労働者及び有期雇用労働者の雇用管理の改善等に関する法律」の第8条および第9条に引き継がれています。第8条では新たに「基本給、賞与その他の待遇のそれぞれについて」とより具体的に記述されており、この解釈をめぐって今後の動向についても留意する必要があります。

〔2018年の判例〕

1 ハマキョウレックス事件（2018年6月1日）

　東証1部上場の企業（物流業）における運転職種についての判断であり、正社員と非正規とで、担当する仕事の違いがないとの前提に立ってのものです。

　通勤手当・無事故手当・給食手当・作業手当については正社員と同様に支給すべきであるとし、住宅手当については、正社員には転勤が伴う配転があることにより住宅費用が多くかかることから支給すると言う理由であれば、非正規社員に支給しないことが不合理とまではいえないとしました。皆勤手当については、皆勤を奨励するという目的であれば正社員と同様に支給すべきとしました。

2　長澤運輸事件（2018年6月1日）

　従業員数十名の中小の運送業における運転職種についての判断です。原告が正社員とは賃金体系が異なる定年後の再雇用者であることからも注目されました。

　非正規社員（原告）の年収をみると、正社員（定年退職前）のほぼ8割の水準にあるということも踏まえ、不合理とまではいえないとしました。

　あわせて、定年まで勤務したうえでの再雇用者については、退職金の支給を受け、老齢厚生年金（報酬比例部分）の支給を受けるまでの間は調整給も支給されることなど、特別な措置が取られていることも「その他の事情」としての判断材料として認められたようです。ただし、精勤手当については支給しないのは不合理であるとしました。

　また賞与については、労務の対価の後払い、功労報償、生活費の補助、労働者の意欲向上などの目的があることを認めています。

〔2020年の判例〕

3　日本郵便事件（東京・大阪・佐賀事件）（2020年10月15日）

　被告は、非正規たる契約社員が18万人もいる全国展開の超巨大企業です。

　以下の各処遇について判断がなされました。手当や休暇など、企業の負担が大きくなりすぎない身近な処遇面については正社員としての「有為な人材の確保」に関して必ずしも重視せず非正規社員にも対応すべきであるときめ細かく判断したもので、今後の企業経営に少なからず影響を及ぼすことが想定されます。

①夏期冬期休暇

　仕事から解放され心身の回復を図るためのものであり、勤続期間の長さに関係するものとはいえないとしました。

②年末年始勤務手当

年末年始が最も忙しくなると言う郵便事業の特殊性からのものといえます。

繁忙な時期の労働に対して支給される手当であり、支給金額も実際に勤務した時期・時間に応じて一律で、（正社員と非正規との間の）仕事の内容や難易度に直接関わるものではないということから同じく支給すべきであるとしました。

③病気休暇（有給）

継続的な雇用を確保するために、生活の保障を図って療養に専念させることが目的のものであり、日数の違いはともかくとしても、厳格な合理性がなければ、有給か無給かの違いは認められないとしました。

④年始休暇の祝日給

特別休暇が与えられているにもかかわらず、勤務せざるを得なかったことへの代償措置としての割増手当についての判断です。繁忙期の労働に報いるためのもので仕事の内容や難易度に関係するものではないとしました。

⑤扶養手当（家族手当）

家族を養う契約社員に対しても、継続的な勤務が見込まれる場合については支給対象とすべきとしました。扶養手当は生活保障や福利厚生を図り生活設計を安定させることを通じて継続的な雇用を確保することが目的のものであるとしました。

4　大阪医科薬科大学事件（2020年10月13日）

大学に勤務するフルタイムのアルバイトの賞与が争われた事件です。高裁では支給基準が正社員の6割未満となるのは不合理であるとの判決が出されていましたが、最高裁では支給が認められませんでした。

原告は、秘書関連の業務に携わっていたということですが、アルバイ

トとして（呼称だけで判断できるものではありません）相当に軽易な業務を担当していたということも判決に影響したものといえます。担当する仕事や異動の範囲についての正社員等との違いは明らかであり、単に規定に定められていただけではなく、実際にもそのように運用されていたようです。また、アルバイトと正職員の間に契約職員も存在し、区分としては明確に異なっていました。ちなみに契約社員についての賞与は約8割支給されていたとのことです。

　あわせて、原告の在職期間が3年余りで、そのうち実際に勤務したのは2年余りでその後は病気で1年以上勤務していないなど他の事例よりもかなり短かったことも考慮されたようです。

　さらにアルバイトの雇用契約期間は1年以内となっており、更新条件も定められていて上限が5年ということになっていました。契約社員や正社員への登用試験制度も設けられており、実際に登用されていた者も少なからずいたようですが、原告は受験したものの不合格だったとのことです。このように本件についてはきわめて特殊なケースであり、一般論として非正規に賞与が支給されないことについては不合理と判断されることも想定されるので注意が必要です。なお、賞与の目的としては、賃金の後払いや一律的な功労報償、長期的な将来に向けて人材の確保と労働意欲の向上からの定着率の改善などがあるとしました。また、正社員の基本給は、長期的な能力開発を前提とした「職能給」が採用されており、賞与はこれに連動したものという見方もしています。

　この裁判では有給の私傷病による欠勤や休職についても判断しており、アルバイトは長期雇用を前提としていないので正職員との違いがあっても不合理とはいえないとしました。

5　メトロコマース事件（2020月10月13日）

　東京メトロの売店の販売職種に就く勤続約10年の契約社員の退職金についての判断です。

　高裁では、退職金を正社員の4分の1も支給しないのは不合理であるとの判決が出されていましたが、最高裁では退職金の支給そのものを認

めませんでした。

　その理由として、正社員は契約社員と比べて業務範囲が広くエリアマネージャー業務を始めトラブル対応などを行うことになっており、仕事内容に大きいとはいえないが違いがあるとの判断からのものです。また、契約社員のタイプについては、よりキャリアアップして正社員に近いものと今回の原告が属するそうでないタイプの2つに分かれているということも押さえておく必要があります。

　なお、退職金の目的としては、労務の対価としての後払い、人材確保やその定着を図ることにあると言っています。

　ただし、判決には補足意見もつけられており、退職金は企業の経営状況にも左右され、制度の構築にあたっては使用者の裁量判断が尊重されるべきで、また労使交渉などを適正に行っていくことが必要であるとも指摘しています。一方で反対意見も出されており、契約社員であっても長期間働くケースもあり、退職金が功労のための報酬という性格もあるとすれば、それは契約社員にも当てはまるものとしました。

　以上を踏まえると、この裁判はケースの特性からの判決ともいえ、格差が違法となることもあり得ると考えられます。被告が実施していた登用試験については、今後いっそう重視されることになると思われます。

2 2020年最高裁判決を経て、「同一労働同一賃金」を自社の経営にどう活かしていくべきか？

1 2020年判決をどう読むか

　裁判は個別の争いについて判断するものです。しかしながら、最高裁判決にもなると法律解釈の規範としての影響力は多大なるものがあります。そういう意味でいえば、2020年10月の各最高裁判決を振り返ってみると、手当や休暇についての判断はこれまでの経緯からすれば明らかにはなったものの、賞与と退職金については最高裁たるべき重要な責務を果たさなかったといえます。

（1）退職金について

　一人の人事労務コンサルタントとしての私見ですが、退職金については、日本の企業において年間で完結する他の賃金とは異なり、非正規も含めて広くただちに適用することについては時期尚早とみていたので、支給するべきとまではいえないとした本判決自体については理解できるところです。退職金を別の角度からとらえてみると、創業時から制度を持つ企業は少ないでしょうし、制度のない企業も少なからずあり、さらに所得税法上の課税基準も異なる特別な扱いとなっています。

（2）賞与について

　しかしながら、賞与については退職金とは別です。日本の多くの企業において、完全年俸制を採る場合や一部の業種を除いて、賞与制度は必須と考えているのではないでしょうか？　多くの企業では月例賃金における基本給、諸手当ときて、賃金の後払い的要素という見方になるのでしょうが、その延長として1年間で完結するものとしての賞与制度がウエイトとしても大きく組み込まれています。賞与がないとすれば採用競

227

争からまず脱落します。そのために、基本となる算定基礎額を抑えて何とか年間の賞与支給月数を大きく見せようとする企業も少なからずあるくらいです。また実際のところマスコミの発表からしても、2020年冬の賞与について、上期業績の結果から不支給とした企業例も発表されていますが、言い換えると支給ゼロというのはそれだけインパクトが大きいということが理解できます。すなわち、賞与と退職金は同列には語れないというのが現実です。

賞与について非正規に対して支給しなくてもよいとの判断は、個別の実態からみてかなり特異な例であったと思われます。それにしても、支給額1万円では10年後には20万円（年2回）ですが、支給額がゼロでは何年在職してもゼロのママとなり格差は開くばかりです。

最高裁は、賞与および退職金について、この案件では不支給であったとしても、支給対象となる場合においての参考指標、基準を示すべきであったと考えます。

ところで、判断を避けたという背景には、2つの事由があるかと思います。

1つは**大企業を中心とした混乱を避けた**ということです。賞与と退職金を何らかの形で支給すべきとなれば、人件費コスト面を含んで企業社会の大混乱を引き起こしかねないという危惧からです。

もう1つは、**賞与と退職金が賃金制度のなかでも重要な位置を占めており、各企業のきわめて高度で自由な裁量に委ねられている実情からして司法も行政も介入できない**としたということです。

以上から、残念ながら企業の現場サイドでの混乱は今後とも続かざるを得ないとみていますが、そのようななかでも現段階で我々が考えるべき事項を以下に整理してみました。

2 　自社の経営にどう活かしていくか

（1）すぐにやるべきこと

①個々にまた総合的に検証を行い、リスクの度合いをみてみる

同一労働同一賃金の性格からして完璧ということはあり得ません。完

壁となれば、企業経営がまず成り立たなくなります。どの課題が高リスクなのか、グルーピングを行ってみることです。

②非正規社員のなかで、とくに長期の勤務者についての対応策を考える

　勤務期間といっても、3年、5年、10年、30年とどこでどう区切りをつけるのかはそれぞれの課題によって異なってきます。しかしながら、改正労働契約法で定められている無期転換の権利が発生する5年というのが1つの節目にはなるようです。

③まずは非正規の正社員化を考え、
　難しければ「均等処遇」を避けての「均衡化」に配慮する

　これからは非正規の長期雇用は避けるべきというのが共通の認識になってきています。客観的な状況と本人の希望に基づくということはもちろんですが、仕事の内容や範囲について明確な違いがある場合については、基本給などの主要な賃金における差そのものについては司法、行政もあまり深くは入ってこない（こられない）ともいえます。正社員と非正規の仕事の内容の違いがどこにあるのか、どの程度なのかを具体的に定めることが重要です。

　また、この前提としてそれぞれの非正規社員について、正社員（通常の社員）の誰と比較するのが適当なのかも重要になってきます。万一、裁判になった場合には非正規社員側が指定する対象者に認められることも多いようです。

④人事制度全般について、それぞれの目的、趣旨と定義を
　説明できるようにする

　基本給とは、基本給の昇給とは、○○手当とは、賞与とは、退職金とは、などその目的から定義について明らかにしてみます。さらにこれを規程に明文化し、社員に周知していくことが求められます。

（2）トータル人事制度の再構築

　見直しのキーワードは、"脱身分、脱年功からの自社流の能力主義の進展"

といえるかと思います。これまで述べてきたように、非正規社員のみならず正社員を含めての総合的な見直しが必要になるといえます。

①登用制度を設け、登用の実績を持つこと

　制度では真っ先に登用制度を挙げたいと思います。今回の最高裁判決をみても、正社員への登用制度（転換制度）があるかどうかが重要なカギを握ることになります。シンプルなものであっても早急に策定し導入すべきです（**第4章「7 正社員への登用制度」→136頁**）。その次に早いうちにまずたった1人でもよいのでその実績を持つことです。有名無実の制度のままでは問題があります。

②必要に応じて、正社員と契約社員やパートの間に 　中間の雇用区分を持つこと

　前著でも提唱したところですが、契約社員やパートと正社員との間に大きな違いがあって簡単には問題が解決できない場合には、中間項としての区分を持つことも考えられます（『わかりやすい「同一労働同一賃金」の導入手順』163頁を参照）。いわゆる地域限定社員制度や、労働契約法に基づいた無期転換後の社員制度を始めとした、異動や職種変更などの制限のある社員区分などです。ただし、注意すべきことは実際の転換対象者からしてもニーズがあってこれに応じてのものとすることで、差別を目的とはしないことも求められます。

③職種別の区分も考慮してみること

　これからの人事制度は、採用からの職務適性、能力開発−教育、キャリア育成に至るまで職種（職掌・職群）別にとらえられる場合も多くなります。

　例えば、製造と技術開発、営業と業務（事務）の職種からみた基本人事制度（フレーム）の分離です。②の雇用区分にも関連するもので、実際に異動の範囲などで職種も関連する場合も多く見受けられます。営業職のみ本社・支店・営業所間の住居の移転を伴う転勤が前提となる場合などです。

④月例給の手当について、その性格と目的から検証し
緊急性やリスクからみて必要であれば見直すこと

　賃金のなかでは真っ先に見直すべきは手当です。それぞれの手当の性格と目的をはっきりさせる必要があります。説明が十分にできない手当は、基本給等への統合などの割り直し（合理的に説明できる基準に従って金額も含めて再度設定することです）も視野に入れた見直しが求められます。

⑤年収ベースでも整合性がとれるようにすること

　基本給、手当、賞与についてそれぞれ別個に比較されることは既にお伝えしたとおりですが、総額の年収ベース（時間外などの実際の勤務によって変動する部分を除く）でも合理的に説明できるかどうかが問われます。

⑥評価制度は全ての従業員に対して
それぞれの特性に応じて実施すること

　人事諸制度の中で大きく変わらざるを得ないのが人事評価、人事考課制度になります。雇用区分によっての違いを明らかにすることは述べたとおりです。

　評価要素のなかでも成果に焦点をあてるとともに、その"見える化"も求められてきます。制度のみならずフィードバックについても重視されることは間違いありません。

⑦昇格・昇進制度について、基準を明らかにすること

　等級が上がる"昇格"、責任あるポストに就く"昇進"と、この逆となるのが、等級が下がる"降格"、ポストからみて下位職へと変わる"降職"です。①の登用制度との関連も考慮してそれぞれの基準策定と制度化（規定化）が求められます。昇格の基準として、「上司の推薦」が挙げられますが、恣意的に運用されないよう、試験や人事評価の総合点数など他の客観的な基準もあわせて設ける必要があります。

⑧規定化を図ること

　以上について、人事制度を見直したうえで、就業規則および諸規程として定めることが求められます。同一労働同一賃金改革を進めていくにあたって、規程の整備は避けられないものと言えます。これまでそれほど重視されてこなかった規程についても新たに策定するなどの必要も出てきます。①の登用制度についても当然規定化が求められます。

　なかには就業規則や規程とは別に内規として定めることもありますが、これはこれでいざというときに説明できるようにきちんと定めておくことまで求められます。

（3）高齢者（シニア）対策を検討すること

　定年前の余裕がある時期に対象者本人と協議をする必要があると思われます。

　2021年4月に70歳までの雇用など就業機会の確保が努力義務化されます。既にお伝えしたように定年後の再雇用についてはその他の事情も考慮されることもあって、他の非正規とは別の区分、見方も必要となります。とくにこれから定年退職者が増える企業にとっては人件費コスト面も含めて大変大きな課題となってきます。一歩進めて、これまでの延長ではなく、アメリカ流に定年なき（エイジレス）時代も視野に入れるべきとの見方もでてきています。

（4）円滑に進めていくために

①被差別感をなくしていくために、風通しを良くし、
　丁寧な説明を尽くすこと

　同一労働同一賃金改革に向けての人事は、制度（ハード面）のみならず公平・公正な運用（ソフト面）も重要になります。

　現場サイドでの風通しを良くし、企業は、被差別感をなくすことにいっそう力を入れていかなくてはなりません。その時々で、今、社員の関心はどこにあるのか、不満がどのようなもので どこに広がっていこうとしているのか、アンテナを立てて、これを聞き入れていく体制への環境づくりが求められます。

　これまでは、「何か起これば」の対策でしたが、これからは、まだ起こらない段階であっても、問題の芽を感じ取り、説明責任を尽くし、リスクを未然に防止するマネジメントが求められてきます。

②新たな企業競争力の醸成に向けて

　2020年（令和2年）は新型コロナウイルス感染症対策から在宅勤務を始め、会議、打ち合わせや面談の在り方も大きく変わりました。この感染症が落ち着いてきたとしても、この風潮はすぐに変わる事はないとみられます。動機付けやモチベーションアップの在り方も従来とは変わってきており、企業はそれぞれの個性を発揮し、工夫を凝らしています。

　巻末のこの原稿を執筆している最中、コロナ禍で失業者が急増しているとのニュースが飛び込んできました。ただ、経営環境が厳しくなったからといって、"同一労働同一賃金"が下火になることはあり得ません。というのもこれまで安定した正社員だった者が非正規に、また他の企業に移ってそこで新たな不本意非正規社員になることも十分あり得るからです。このようななかで中小企業に対しても2021年4月から改正法が施行されることになります。

　最後になりますが、"同一労働同一賃金"は、当該法律に直接違反していなくても、信義誠実の原則のもと、公序良俗に反していないかどうかまで厳しく問われるようになってきます。すなわち、正社員のなかでの差別の問題も含めて企業人事全般にわたる潜在的リスクが拡大していくことが想定できます。

　また、結果だけではなく、普段からの労使の交渉など経過プロセスがどうであったかについても重視されることになります。

　一方で、"同一労働同一賃金"は、このデジタル化が日進月歩で進む新しい時代の競争力の源泉にもなり得ます。既に大企業優位とは言えなくなってきています。

　繰り返しになりますが、"同一労働同一賃金"はその企業のきわめて独自な人事マネジメントの問題であることを忘れてはなりません。

参考資料

「短時間・有期雇用労働者及び派遣労働者に対する不合理な待遇の禁止等に関する指針（同一労働同一賃金ガイドライン）厚生労働省告示第430号」〔厚生労働省〕
「パートタイム・有期雇用労働法対応のための取組手順書」〔厚生労働省 都道府県労働局〕
「パートタイム労働法のあらまし」〔厚生労働省〕
「不合理な待遇差解消のための点検・検討マニュアル」〔厚生労働省〕
「職務評価を用いた基本給の点検・検討マニュアル」〔厚生労働省〕
「職務分析実施マニュアル」〔厚生労働省〕
『ビジネス・キャリア検定試験「人事・人材開発」』（2級・3級）木谷宏監修、中央職業能力開発協会編

〔社会保険研究所〕

著者紹介

二宮　孝（にのみや　たかし）

人事労務コンサルタント・株式会社パーソネル・ブレイン代表取締役。
社会保険労務士（東京会所属）、全日本能率連盟認定マスター・マネジメント・コンサルタント。
1955年広島県生まれ。早稲田大学法学部卒業後、東証一部上場商社人事部、大手米国系メーカー人事部、ダイヤモンドビジネスコンサルティング㈱（現在、三菱UFJリサーチ＆コンサルティング㈱）を経て独立。豊富な実務経験を踏まえた実践的なコンサルテーションを幅広く展開している。対象は民間企業（上場企業から中小零細企業）、社団・財団法人、地方自治体など140社（団体）を超える。

著書

『わかりやすい「同一労働同一賃金」の導入手順』〔労働調査会／2018年10/25上梓〕
『プロの人事賃金コンサルタントになるための教科書』〔日本法令〕
『高年齢者雇用時代の人事・賃金管理』〔経営書院〕
『雇用ボーダーレス時代の最適人事管理マニュアル』〔中央経済社〕
『役割能力等級制度の考え方・進め方』〔インデックス・コミュニケーションズ〕
『新しい給与体系と実務』〔同文舘〕
『仕事の基本がよくわかる人事考課の実務』〔同文舘〕
『パートタイマー採用・育成マニュアル』〔東京都産業労働局／編著〕他多数

○オフィス

〒150－0011　東京都渋谷区東3－15－8　小澤ビル501
TEL：03－3406－5605
FAX：03－3406－5396
ホームページ：http://www.personnel-brain.co.jp/
E-mail：ninomiya@personnel-brain.co.jp

企業経営を誤らない、

「同一労働同一賃金」の具体的な進め方

令和 2 年12月14日　初版発行

著　者　二宮　　孝
発行人　藤澤　直明
発行所　労働調査会

　　　〒170-0004　東京都豊島区北大塚2-4-5
　　　TEL　03-3915-6401
　　　FAX　03-3918-8618
　　　http://www.chosakai.co.jp/

©Takashi Ninomiya, 2020
ISBN978-4-86319-802-9 C2034